Zweifle dich durch!

Georg Schwikart (Hrsg.)

Zweifle dich durch!

Lust auf Religion
Ein Lesebuch

Kösel

ISBN 3-466-36412-4

Druck und Bindung: Kösel, Kempten
Umschlag: Kaselow Design, München
Umschlagzeichnung: Ivan Steiger, München, aus: Ivan Steiger sieht die Bibel. Verlag Katholisches Bibelwerk und Deutsche Bibelgesellschaft, Stuttgart
1 2 3 4 5 · 98 97 96 95 94

Gedruckt auf umweltfreundlich hergestelltem Werkdruckpapier (säurefrei und chlorfrei gebleicht)

Inhalt

Kapitel 5:
Kirche – Die eine, heilige, christliche, katholische 69

Kapitel 6:
Theologen – Heiliger Vater 81

Einladung zur Herausforderung

»Ich preise dich, Vater, Herr des Himmels und der Erde, weil du all das den Weisen und Klugen verborgen, den Unmündigen aber offenbart hast. Ja, Vater, so hat es dir gefallen« (Matthäus 11,25f.). Soll man diesem Gebet Jesu entnehmen, daß nur geistig Minderbemittelte für den christlichen Glauben geeignet sind, Leute mit Schulbildung, gar Abitur, hingegen nicht?

Daß Denken und Reflektieren dem Glauben schadet, kann nur die Haltung von Sektierern und Fanatikern sein. Glaube und Zweifel waren immer schon Brüder. Selbst einer der Apostel wollte nicht alles unbesehen hinnehmen. Doch die Reduzierung des Thomas auf den »Zweifler« ist ungerecht. »Ich glaube – hilf meinem Unglauben!« (Markus 9,24) – Wer sollte dieses Bekenntnis eines Mannes, der von Jesus etwas wollte, nicht aufrichtig mitsprechen können?

Nun mag der Glaube, im Sinne von Für-wahr-Halten von Glaubenssätzen, in vergangenen Zeiten leichter gewesen sein als heute. Wir sind allesamt Kinder der Aufklärung, in eine entzauberte Welt – wie Max Weber sagt – hineingewachsen. Immanuel Kant (Erinnerung: Immanuel bedeutet *Gott ist mit uns*) hat mit seiner berühmten Aufforderung: »Wage es, dich deines eigenen Verstandes zu bedienen« den Weg bereitet, wirklich selbst Fragen zu stellen und Antworten zu suchen.

Freilich, was zunächst einigen intellektuellen Köpfen vorbehalten war, wurde bald durch Propaganda oder schlichtweg Gewöhnung zu einem Massenphänomen: der Atheismus.

Uns interessieren nicht die lauen Atheisten, oder eigentlich Agnostiker, denen der ganze »metaphysische Kram« wurscht ist. Wir wollen uns mit denen auseinandersetzen, die ihre Leugnung Gottes, ihre Demontage des Christentums, ihre Angriffe auf die Kirche mit Argumenten zu unterlegen suchen. Ob sie stichhaltig sind, wird sich freilich erweisen müssen.

Das Zweite Vatikanische Konzil spart, gottlob, nicht dieses heikle Thema aus. In der wegweisenden Erklärung »Die Kirche in der Welt von heute« heißt es: »Wenn die Kirche auch den Atheismus eindeutig verwirft, so bekennt sie doch aufrichtig, daß alle Menschen, Glaubende und Nichtglaubende, zum richtigen Aufbau dieser Welt, in der sie gemeinsam leben, zusammenarbeiten müssen. Das kann gewiß nicht geschehen ohne einen aufrichtigen und klugen Dialog« (Kirche/Welt 21).

Daß gemeinsame Probleme der Gesellschaft von allen Beteiligten, ohne auf die religiöse Einstellung zu achten, angegangen werden müssen, ist klar. Doch auch der Dialog über eben das Trennende in Sachen Gott ist wichtig, und zwar nicht etwa deswegen, weil das Konzil es so vorsieht. Es ist vielmehr ermunternd, daß auch das Konzil die Wichtigkeit der Auseinandersetzung mit dem Atheismus erkannt hat, und ihn nicht mehr nur als ein Missionierungsproblem sieht. Allein, außerhalb wissenschaftlicher Symposien von Theologen und Marxisten fand bisher kaum ein solcher Austausch statt.

Zu eben einem solchen Dialog möchte dieses Lesebuch einladen! Um die hundert Texte sind hier versammelt: sachliche und polemische, erzählende und beschreibende, literarische, zynische, provozierende, analysierende. Mal kurz, mal lang, manchmal nicht ganz leicht verständlich, nicht leicht verdaulich. Frauen und Männer kommen zu Wort, bekannte und unbekannte Autorinnen und Autoren, Christen, Juden, Atheisten und Angehörige anderer Weltanschauungen. Dichter werden zitiert, Soziologen, Schriftsteller, Theologen, Philosophen, Geistes- und Naturwissenschaftler – vom 4. vorchristlichen Jahrhundert bis zur Gegenwart. Natürlich handelt es sich um eine eng begrenzte Auswahl, mancher Name fehlt, mancher

Gedanke wird vermißt werden. Überschaubarkeit war ein Auswahlkriterium. Die Qual der Wahl zwingt bei einem so breitgefächerten Thema, mehr außen vor zu lassen, als aufnehmen zu können. Allerdings existiert auch Religions- und Kirchenkritik, die sich selbst disqualifiziert und daher getrost vernachlässigt werden kann: Es gibt immer noch Autoren, die gegen fundierte Erkenntnisse auch profaner Historiker die Historizität des Jesus von Nazareth in Zweifel ziehen; da ordnet die wissenschaftliche Ausgabe der Marx- und Engels-Texte zur Religion im Glossar Paulus unter die Zwölf Apostel ein; Buchtitel wie »Der Mörder-Gott oder Die betenden Bestien« versprechen keine gewinnbringende Lektüre…

Dennoch verbleibt genügend Stoff, dem man sich stellen muß. Das Buch soll nicht als Konfektsammlung für Atheisten und solche, die es werden wollen, dargereicht werden. Es ist eine Packung bitterer Pillen, zusammengetragen auch für Christen. Diese sollen nicht leichtfertig in Krisen gestürzt, sondern an einen wichtigen Aspekt des Glaubens in unserer Zeit erinnert werden. Es hilft ja nichts, der immer lauter und öfter vorgetragenen Kirchen- und Religionskritik durch Abtauchen in mystische Innerlichkeit zu entfliehen. Wir müssen uns ihr stellen, und dabei darf nicht Apologetik, Verteidigung des Glaubens, das erste Ziel sein. Zunächst sind Aufmerksamkeit, Offenheit, Gesprächsbereitschaft gefragt.

Man muß darüber nachdenken, ob die vorgebrachte Kritik sachlich richtig und also berechtigt ist. Die religionskritischen sind keine heiligen Texte. Mit ihnen muß *gearbeitet* werden. Mancher macht das in seinem eigenen Kopf und Herzen aus, dem anderen ist es wichtig, mit jemandem darüber zu sprechen oder in einer Gruppe darüber zu diskutieren. Ergebnisse lassen sich kaum vorhersagen. Auf jeden Fall kann weder mit Achselzucken noch mit heftigem Bekennen des amtlichen Glaubens angemessen reagiert werden. Der eine Text kann vielleicht als unbegründet zurückgewiesen, dem anderen muß beschämt zu-

gestimmt werden. Der eine mag in der Analyse korrekt, aber in den Folgerungen falsch sein. Reaktionen können vom Ansporn, einen Zustand aktiv zu verändern, bis zur Bekräftigung der eigenen Position reichen.
Am besten ist selbstverständlich, über den Dialog mit dem zwar viel-sagenden, letztlich aber stummen Buch hinaus, den Austausch mit Trägern dieser Haltungen zu suchen: Jetzt ist man besser auf das Gespräch mit der atheistischen Arbeitskollegin vorbereitet, man traut sich zu, der Zeitung einen Leserbrief zum religionsspöttischen Kommentar zu schreiben, braucht den Anspielungen des kirchenfernen Nachbarn nicht mehr auszuweichen …
Doch auch für glaubende Christen, mit ihren Zweifeln, ungelösten Fragen, ihrem Suchen und Hadern, ist der Dialog hilfreich. Was vorher möglicherweise als glaubenshindernd unterdrückt wurde, kommt endlich an die Oberfläche. Da ist es der Untersuchung, Betrachtung ausgesetzt. Schon das Aussprechen ist heilsam, manches verliert seine Schrecken. Wir dürfen auch das, woran wir hängen, kritisieren. Es ist wie mit den Menschen, die wir lieben: Wir sind nicht gezwungen, von allem, was sie tun, begeistert zu sein. Kritik ist Frucht von Interesse, von Anteilnahme, von Leben: Erst, was keine Frucht mehr bringt, stirbt ab.
Nicht allein als Seelenbalsam sind die ausgleichenden Texte wie *Verschnaufpausen* eingestreut. Sie können nicht die zuvor angeklungene Kritik leichtfertig ausradieren. Sie laden aber zu kurzer Rast ein, öffnen ein Fenster ins Weite, falls sich der Horizont bereits so weit verdunkelt hat, daß kein Land mehr zu sehen ist.
Die Religionskritik hat nicht das letzte Wort. Oder meinetwegen soll sie es haben. Aber letztlich zählen keine geschliffenen Worte, keine logischen Argumente, keine überzeugenden Beweise mehr. Dieses Letzte ist für den glaubenden Menschen nicht mehr in Begriffe, nicht mehr mit Denken zu fassen. Er

findet es in der Religion, in einem Bereich, den keine Kritik mehr erreicht: Schüchtern könnte man den wuchtigen Begriff des *Heiligen* dafür anführen. Das aber ist die absolute *Mitte;* das schützende Dickicht drumherum darf getrost einer Durchforstung unterzogen werden.

Ich danke abschließend Ursula Schairer für ihre sorgfältige Durchsicht des Manuskriptes, für die Anregungen und Korrekturen. Widmen möchte ich das Buch Elisabeth Schulte, meiner Tante, die mit ihrem zweifelnden Glauben und glaubenden Zweifel alt – und ein bißchen weise geworden ist.

Sankt Augustin, Pfingsten 1994 *Georg Schwikart*

Eine Art Vorwort

Der kleine Unterschied

Meines Wissens verbietet keine freireligiöse oder atheistische Gemeinschaft ihren Mitgliedern das Lesen katholischer oder protestantischer Schriften. Warum aber die Verbote der katholischen Kirche? Warum der Index? Warum der Antimodernisteneid? Warum die kirchliche Druckerlaubnis? Sind ihre Gläubigen und Theologen geistig weniger autark als die Anhänger ihrer Feinde? Nein, die Geschichte, die Logik und das Ethos richten sich zu eindeutig gegen die Lehre und Praxis der Kirche, weshalb sie die Aufklärung scheuen und die Lektüre kritischer Werke verbieten muß, während ihre Gegner es sich sogar leisten können, zum Studium des kirchlichen Schrifttums aufzufordern. Das ist ein Unterschied, den ich abschließend dem Nachdenken des Lesers empfehle.

Karlheinz Deschner

JESUS
JESUS LEBT!

Kapitel 1: Religion – Ich glaube

Politik, Katastrophen, Unterhaltung, Religion, Sport, Wetter – in den Medien als Spiegel der Gesellschaft ist Religion nur ein Thema wie andere auch: 30 Sekunden für des Bischofs Statement zur Abtreibung, zwischen Stahltarifvertrag und Finale im Tennis-Europacup.
Für den wahrhaft religiösen Menschen ein Unding, setzt dieser doch die Religion als höchstes Prinzip des Denkens und Handelns. Schaut man allerdings – einmal vom abendländischen Christentum ausgehend – in seine heilige Schrift, die Bibel oder das Kirchengesangbuch, so sucht man das Wort *Religion* vergebens. Religiöse sprechen von *Glauben*. Ihnen ist dessen Verlust schmerzlicher als der eines Millionenvermögens. In den meisten Fällen bleibt dieses Problem aber theoretisch…
Man sollte es nicht übertreiben und gleich eine Philosophie darauf aufbauen, doch der Gedanke besticht: Pantoffeltierchen, beliebtes Untersuchungsobjekt im Biologieunterricht, sind älter als Religion. Bereits seit fünfhundert Millionen Jahren weilen sie auf der Mutter Erde; lächerliche vierhunderttausend Jahre alt sollen jene Schädelfunde sein, denen Archäologen eine kultische Bedeutung zuzubilligen bereit sind.
Keine Zahlenmystik! Festzuhalten bleibt lediglich, daß Religion immer eine Rolle in der Geschichte des homo sapiens gespielt hat, wir also von einer anthropologischen Konstante ausgehen können. Die urzeitlichen Anfänge freilich liegen im Dunkel, das Ende desgleichen. Über beides zu spekulieren, ist verlockend, aber müßig.
Wie aber nun mit der real existierenden Religion umgehen?

Günther Kehrer weist trocken vier verbleibende Möglichkeiten auf. Unter seine Kategorie »polemisch« fielen dann *Heinrich Heines* Verse aus dem »Wintermärchen«. Über seine ironische Kritik hinaus hält Heine sogar eine Alternative parat: den Himmel können wir uns schenken, denn Zuckererbsen gibt es hier schon genug.

In gleicher Richtung, jedoch analysierender, geht *Karl Marx* vor, dessen umfangreiche Forschungen leider zu oft auf den berühmtem Satz verengt werden, Religion sei das Opium des Volkes. Wohlgemerkt, *des* Volkes, also selbstverabreicht. Den Satz »Opium für das Volk«, also die Vorstellung, Religion werde von oben als Narkotikum verordnet, hat weder Marx noch Lenin geprägt. Letzterem wurde er allerdings vom Politologen Iring Fetscher unterstellt, der wahrscheinlich einem schludrigen Übersetzungsfehler aus dem Russischen aufgesessen ist. Bedauerlicherweise hat er der falschen Formel zu großer Bekanntheit verholfen. Sei's drum: Soviel Wahres die Marxsche Kritik in sich birgt, er hat sich doch darin getäuscht, daß Religion in erster Linie ein Tröstungsmittel verelendeter Massen gegen die Armut sei. Man hat zwar bisher das Lebendgewicht kirchennaher Christen noch nicht statistisch erfaßt, aber der durchschnittliche Kirchgänger westlicher Wohlstandsgesellschaften dürfte keineswegs verhungert und ausgemergelt sein. Ganz zu schweigen davon, daß Religion anderswo wahrlich Aufruhr befördert …

Hat Religion also doch andere Ursachen? *Bertrand Russell* bezeichnet die Angst als ihre Grundlage. Das macht verständlich, was *Sigmund Freud* meint, wenn er die Religion als universelle Zwangsneurose diagnostiziert. Begreift man sie als Zwang zur Einhaltung von Zeremonien, so deckt sich dies übrigens mit der Wortbedeutung von »Religion«. Wenn man den Begriff vom lateinischen *relegere* ableitet, was mit »sich oft hinwenden, gewissenhaft beobachten« zu übersetzen ist, dann betont man den Aspekt der rituellen Handlungen, der

Religion konstituiert. Die im kirchlichen Raum gebräuchliche Etymologie – von *religari* – spricht jedoch für einen religiösen Umgang mit Religion. Wer das Wort nämlich mit »Rückbindung« (an Gott) übersetzt, argumentiert bereits theologisch. Wie schon gesagt, nicht von Religion handelt der Katechismus, sondern vom Glauben.

So verwundert es, wenn ausgerechnet die ausgewiesene Feministin *Heide Göttner-Abendroth* die religari-Rückbeziehungs-Definition anführt. Vielleicht macht sie's auch nur, um den himmelweiten Unterschied von männlicher und matriarchaler Religion zu belegen. Ihre Göttin ist der Mensch selbst.

Diskussionsstoff bietet Religion allemal. Wie sieht es mit ihrem praktischen Nutzen aus? *Gerhard Mester* zeichnet ein ins gläubige Herz treffendes Bild: Lustlos steckt der Junge Broschüren in die Briefkästen. Jesus lebt, verkünden sie. Mag ja sein, nichts dagegen zu sagen. Doch der alltägliche Wahnsinn des Lebens bleibt davon unberührt.

Rubem Alves bemüht sich um eine allgemein gültige Ehrenrettung: Religion an sich versucht das Leben zu deuten, ihm Sinn zu verleihen, ja, sie zielt – wie immer es auch aussehen mag – auf das Glück des Menschen.

Im Grunde meint *Hermann Timm* mit seinen verschachtelten Sätzen die Sache mit den Pantoffeltierchen. Religion hat – zwar nicht schadlos, aber dennoch – alle Kritik überdauert. Was noch nicht heißt, sie brauche sich nicht zu wandeln. Da ist ihr die Kreatur mit ihrer Beharrung nun doch weit voraus.

Vom Umgang mit Religion

Von Religion soll nicht mehr die Rede sein. Zu ihr kann man sich nur noch auf vier verschiedene Weisen verhalten: Dumm – das heißt: gläubig; polemisch – das heißt: ihr Ableben beschleunigend; wissenschaftlich – das heißt: archivierend und analysierend; zynisch – das heißt: sie benutzend.

Günther Kehrer

Zuckererbsen im Diesseits

Ein kleines Harfenmädchen sang.
Sie sang mit wahrem Gefühle
Und falscher Stimme, doch ward ich sehr
Gerühret von ihrem Spiele.

Sie sang von Liebe und Liebesgram,
Aufopfrung und Wiederfinden
Dort oben, in jener besseren Welt,
Wo alle Leiden schwinden.

Sie sang vom irdischen Jammertal,
Von Freuden, die bald zerronnen,
Vom Jenseits, wo die Seele schwelgt
Verklärt in ew'gen Wonnen.

Sie sang das alte Entsagungslied,
Das Eiapopeia vom Himmel,
Womit man einlullt, wenn es greint,
Das Volk, den großen Lümmel.

Ich kenne die Weise, ich kenne den Text,
Ich kenn auch die Herren Verfasser;
Ich weiß, sie tranken heimlich Wein
Und predigten öffentlich Wasser.

Ein neues Lied, ein besseres Lied,
O Freunde, will ich euch dichten!
Wir wollen hier auf Erden schon
Das Himmelreich errichten.

Wir wollen auf Erden glücklich sein
Und wollen nicht mehr darben;
Verschlemmen soll nicht der faule Bauch,
Was fleißige Hände erwarben.

Es wächst hienieden Brot genug
Für alle Menschenkinder,
Auch Rosen und Myrten, Schönheit und Lust,
Und Zuckererbsen nicht minder.

Ja, Zuckererbsen für jedermann,
Sobald die Schoten platzen!
Den Himmel überlassen wir
Den Engeln und den Spatzen.

Heinrich Heine

Seufzer, Gemüt und Opium

Für Deutschland ist die *Kritik der Religion* im wesentlichen beendigt, und die Kritik der Religion ist die Voraussetzung aller Kritik. (...)

Das Fundament der irreligiösen Kritik ist: Der *Mensch macht die Religion*, die Religion macht nicht den Menschen. Und zwar ist die Religion das Selbstbewußtsein und das Selbstgefühl des Menschen, der sich selbst entweder noch nicht erworben oder schon wieder verloren hat. Aber *der Mensch*, das ist kein abstraktes, außer der Welt hockendes Wesen. Der Mensch, das ist *die Welt des Menschen*, Staat, Sozietät. Dieser Staat, diese Sozietät produzieren die Religion, ein *verkehrtes Weltbewußtsein*, weil sie eine *verkehrte Welt* sind. Die Religion ist die allgemeine Theorie dieser Welt, ihr enzyklopädisches Kompendium, ihre Logik in populärer Form, ihr spiritualistischer Point-d'honneur, ihr Enthusiasmus, ihre moralische Sanktion, ihre feierliche Ergänzung, ihr allgemeiner Trost- und Rechtfertigungsgrund. Sie ist die *phantastische Verwirklichung* des menschlichen Wesens, weil das *menschliche Wesen* keine wahre Wirklichkeit besitzt. Der Kampf gegen die Religion ist also mittelbar der Kampf gegen *jene Welt*, deren geistiges *Aroma* die Religion ist.

Das *religiöse* Elend ist in einem der *Ausdruck* des wirklichen Elendes und in einem die *Protestation* gegen das wirkliche Elend. Die Religion ist der Seufzer der bedrängten Kreatur, das Gemüt einer herzlosen Welt, wie sie der Geist geistloser Zustände ist. Sie ist das *Opium* des Volks.

Die Aufhebung der Religion als des *illusorischen* Glücks des Volkes ist die Forderung seines *wirklichen* Glücks. Die Forderung, die Illusion über seinen Zustand aufzugeben, ist die *Forderung, einen Zustand aufzugeben, der der Illusionen bedarf*. Die Kritik der Religion ist also im *Keim*

die *Kritik des Jammertales*, dessen *Heiligenschein* die Religion ist.
Die Kritik hat die imaginären Blumen an der Kette zerpflückt, nicht damit der Mensch die phantasielose, trostlose Kette trage, sondern damit er die Kette abwerfe und die lebendige Blume breche. Die Kritik der Religion enttäuscht den Menschen, damit er denke, handle, seine Wirklichkeit gestalte wie ein enttäuschter, zu Verstand gekommener Mensch, damit er sich um sich selbst und damit um seine wirkliche Sonne bewege. Die Religion ist nur die illusorische Sonne, die sich um den Menschen bewegt, solange er sich nicht um sich selbst bewegt.

Karl Marx

Angst als Grundlage der Religion

Die Religion stützt sich vor allem und hauptsächlich auf die Angst. Teils ist es die Angst vor dem Unbekannten und teils, wie ich schon sagte, der Wunsch, zu fühlen, daß man eine Art großen Bruder hat, der einem in allen Schwierigkeiten und Kämpfen beisteht. Angst ist die Grundlage des Ganzen – Angst vor dem Geheimnisvollen, Angst vor Niederlagen, Angst vor dem Tod. Die Angst ist die Mutter der Grausamkeit, und es ist deshalb kein Wunder, daß Grausamkeit und Religion Hand in Hand gehen, weil beide aus der Angst entspringen. Wir beginnen nun langsam die Welt zu verstehen und sie zu meistern, mit Hilfe einer Wissenschaft, die sich gewaltsam Schritt für Schritt ihren Weg gegen die christliche Religion, gegen die Kirchen und im Widerspruch zu den überlieferten Geboten erkämpft hat. Die Wissenschaft kann uns helfen, die feige Furcht zu überwinden, in der die Menschheit seit so vielen

Generationen lebt. Die Wissenschaft, und ich glaube auch unser eigenes Herz, kann uns lehren, nicht mehr nach einer eingebildeten Hilfe zu suchen und Verbündete im Himmel zu ersinnen, sondern vielmehr hier unten unsere eigenen Anstrengungen darauf zu richten, die Welt zu einem Ort zu machen, der es wert ist, darin zu leben, und nicht zu dem, was die Kirchen in all den Jahrhunderten daraus gemacht haben.

Bertrand Russell

Religion als Triebverzicht

Nach diesen Übereinstimmungen und Analogien [von neurotischem und religiösem Zeremoniell; Anm. d. Hg.] könnte man sich getrauen, die Zwangsneurose als pathologisches Gegenstück zur Religionsbildung aufzufassen, die Neurose als eine individuelle Religiosität, die Religion als eine universelle Zwangsneurose zu bezeichnen. Die wesentliche Übereinstimmung läge in dem zugrunde liegenden Verzicht auf die Betätigung von konstitutionell gegebenen Trieben, der entscheidendste Unterschied in der Natur dieser Triebe, die bei der Neurose ausschließlich sexueller, bei der Religion egoistischer Herkunft sind.

Sigmund Freud

Die Göttin in jedem Menschen

»Re-ligio« bedeutet so etwas wie »Rückbeziehung, Rückbindung«. Eine Rückbindung ist aber erst dann erforderlich, wenn die primäre Bindung verlorengegangen ist (wie es die Paradiesvertreibung in der Bibel anschaulich macht). Und die primäre Bindung kann nur dann verlorengehen, wenn die Gottheit etwas Fernes, Hohes, Fremdes, Transzendentes geworden ist, das man wieder suchen muß, kurz: wenn die Gottheit etwas grundsätzlich anderes ist als man selbst.
Die Vorstellung vom abstrakten, transzendenten Gott ist der Gottesvorstellung der »matriarchalen Religionen« diametral entgegengesetzt. Die Göttin ist stets konkret und gegenwärtig, sichtbar und fühlbar. Denn sie ist die Erde, auf der die Menschen leben, oder der Kosmos, den sie über sich erblicken. Diese Göttin ist auch nicht fremd und hoheitsvoll entrückt, sondern sie ist zugleich das Netz der geistigen, psychischen und physischen Kräfte im Menschen selbst. Insofern war die Göttin in jeder Frau und in jedem Mann, was die »matriarchalen Religionen« der Idee enthob, das andere Geschlecht als nicht religionsfähig zu verachten und auszuschließen (vgl. die vielen Ansichten über die »Seelenlosigkeit« oder »Tierartigkeit« der Frau in patriarchalen Religionen). Komplizierte »Rückbindungen« sind daher nicht nötig, wenn die Göttin selber in den Menschen ist, diese also ein Aspekt der Göttin sind. Nötig ist dann nur die Meditation auf sich selbst, auf die umgebende Natur, auf den leuchtenden Kosmos und der symbolische Ausdruck dieser meditativen Einsichten. Damit entfällt die Vermittlung von Lehre (Dogmen) und Priesterkaste (Institution), die sich parasitär einschieben, um den bindungslosen Menschen wieder die »Rückbindung = Religion« zu vermitteln – wobei auf den Zwischenstufen dieser Vermittlung ihnen viel Raum für Machtentfaltung blieb.

Heide Göttner-Abendroth

Worum geht es der Religion?

Wir dürfen uns durch den Überschwang der Symbole und Gesten von nah und fern, von gestern und heute nicht verwirren lassen; das Thema der Melodie ist immer dasselbe; es sind Variationen über ein vorgegebenes Thema. Die Religion spricht über den Sinn des Lebens: daß es sich lohne zu leben und daß man glücklich werden könne und lächeln dürfe. Was die Religionen insgesamt fordern, ist nichts weiter als eine Reihe von Vorschlägen für das Glück. Hier liegt der Grund, weshalb die Menschen trotz aller wissenschaftlichen Kritik an der Religion nach wie vor von ihr fasziniert sind. Die Wissenschaft versetzt uns in eine eisige und mechanische Welt, die zwar mathematisch stimmt und technisch verbessert werden kann, der es jedoch an menschlicher Bedeutung fehlt und die von unserer Liebe nicht angerührt wird. Treffend sagt Max Weber, die bittere Lektion, die einen die Wissenschaft lehre, sei, daß man den Sinn des Lebens nicht durch eine noch so vollkommene wissenschaftliche Analyse finden könne. Aus dem Paradies sind wir zwar vertrieben worden, aber Reste der Frucht der Erkenntnis haben wir dennoch in Händen …

Rubem Alves

Religionskritik kritisieren

Verändert hat sich dieses: die Meinung, Religion sei eine überholte oder auch nur überholbare Form der menschlichen Kultur und Erinnerungsgeschichte, ist ihrerseits überholt worden. Religion ist eine fortschrittsresistente Gestalt menschlicher Lebensführung. Das kann man als Ende des Endes der Religion im Sinne der klassischen Religionskritik bezeichnen. Damit ist keineswegs gesagt, daß diese Negation der Negation selbst eine Bekräftigung der ursprünglichen Position wäre. D.h. aus der Kritik der Kritik allein erwächst noch keine Revitalisierung vormoderner Formen des Religiösen.

Hermann Timm

»Wer, sagten sie, sei der Herr der Welt?«

Zeichnung: Werner Küstenmacher

Kapitel 2: Gott – Wie du warst vor aller Zeit

Singspiel für Kinder: »Noah unter'm Regenbogen«. Eine Musikgruppe spielte zur Einstimmung ein paar nette Lieder. Dann trat ein freundliches Mädchen auf, nach alttestamentlicher Mode in ein langes, wallendes Gewand gehüllt, und führte in die Geschichte ein: »Vor langer, langer Zeit hatte Gott die Welt und die Menschen geschaffen. Doch die Menschen waren böse. Da beschloß Gott, sie zu töten!«

Mir stockte der Atem, mein Herz schlug plötzlich so laut und schnell, daß ich von den Rettungsplänen für einen gewissen Noah samt Anhang nichts mehr wahrnehmen konnte... Mit meinem Entsetzen schien ich allein geblieben zu sein, denn keiner der sonstigen Zuschauer wirkte so verstört wie ich.

Trotz meiner Wut im Bauch freute ich mich, daß mir diese Leichtigkeit, über Gott zu reden, noch aufstieß. Mein Ärger richtete sich ja nicht gegen das Mädchen. Sie sprach nur das nach, was sie oft genug gehört hatte. Und als Christenmensch hört man so allerhand Attribute Gottes: Er ist natürlich der Liebe, aber auch der Gerechte. Er bleibt im Dunkeln (deus absconditus, raunen dann die Theologen), straft die Bösen, er ist mit den Seinen, ist herzlich barmherzig. Und vor allem gilt – woran sollte man sich sonst halten? –, was ihm an Feiertagen die Gläubigen lauthals vorschreiben: »Wie du warst vor aller Zeit, so bleibst du in Ewigkeit!«

Es ist ein höchst zweifelhafter Erfolg, daß sich die Gläubigen allmählich einen metaphysischen Saumagen aneignen mußten, um all die frommen (und un-frommen) Aussagen über Gott verdauen zu können. Das ist längst vortrefflich gelungen, denn selbst die skurrilste Idee findet ihre Anhänger. So schützt uns das dicke Fell auch, wenn liberale Minister die Formulierung »um Gottes Willen« bemühen, Polizisten beklagen, ihr Beruf sei »weiß Gott« kein Zuckerschlecken und der Kommentator einer Boulevardzeitung bezüglich des Wetterberichtes »Gott sei Dank« jubiliert. Wir wissen, amerikanische Präsidenten pflegen ihre Reden mit »God bless America« zu beenden, und wir wissen auch, damit ist kein spezieller, sondern ein allgemeiner Gott gemeint. Vermutlich jener, der auch mit dem »Gott mit uns« auf den Koppelschlössern deutscher Soldaten angesprochen war. Und erst der »Name« Gottes: Von kaum einem gekannt, wird er doch immer wieder als Autorität herangezogen! »In Gottes Namen« werden Minderheiten verfolgt und den quengelnden Sprößlingen Kinobesuche erlaubt. – Das beladendste aller Menschenwörter, nennt der jüdische Religionsphilosoph Martin Buber das Wort Gott.

Die Gottesidee hat immer schon zum Widerspruch gereizt: *Xenophanes* kritisiert die Vermenschlichung Gottes; *Erich Fromm* bestreitet seine Realität, hält den Begriff für eine poetische Ausdrucksweise des höchsten humanistischen Wertes. Konträr dazu *Friedrich Nietzsche*: den Tiefstand des Gottesbegriffs sieht er im Christentum. Dort habe sich Gott als Mensch offenbart, doch dieser Mensch Jesus ist der Gegenpol des von Nietzsche verkündeten Übermenschen.

Als beobachte er die Welt von einem fremden Stern aus, schreibt *Desmond Morris* über die Götter, die nie zu Hause sind. Im wahrsten Sinne ent-täuscht stellt auch *Tilmann Moser* fest, daß Gott gar nicht da war, als er sich ihm doch so nah glaubte; es war bloß das Verschmelzungsgefühl eines Kirchentages... Warum aber »bloß«? – *Ludwig Feuerbachs* Analyse wirkt eigentlich nicht bedrohlich: »Das Bewußtsein Gottes ist das Selbstbewußtsein des Menschen«.

Schwingt etwa dezente Abwertung mit, wenn *Bert Brechts* Herr

K. seinem Fragesteller attestiert, er brauche vielleicht einen Gott? Natürlich bleibt es so sprühend religiösen Menschen wie *Ernesto Cardenal* vorbehalten, das Tun eines jeden, vom Diktator bis zum Mönch, als Durst nach Gott zu interpretieren.
Es sind häufig gerade eifrige Kirchgänger vom Schlage württembergischer Pietisten, die sich angesichts der dem teuflischen Zeitgeist verfallenen Massen die bange Frage stellen, wie ein Mensch ohne Gott überhaupt leben könne. Ganz gut, würden die meisten wohl antworten. – *Simone de Beauvoir* erzählt in ihrer persönlichen Geschichte zwar vom plötzlich aufgerissenen Himmel, als Gott für sie zu existieren aufhörte – aber gelebt hat sie dennoch intensiv. *Werner Küstenmachers* Cartoon blickt in die andere Richtung: Wo Gott verdrängt wird, möchte der Mensch seine Stelle einnehmen.
Im Roman »Sansibar oder der letzte Grund« von *Alfred Andersch* ringt der evangelische Pfarrer Helander mit Gott: Die Nazis wollen aus seiner Kirche eine Plastik Barlachs entfernen. Daran wird Helander die ganze Hilflosigkeit der Menschen, ihre Verlassenheit von Gott deutlich. Doch gibt er nicht den Glauben auf, er nimmt Gott vielmehr so ernst, daß ihm nur noch seine Züchtigung als Ausweg bleibt.
Kann man heute, in der computergesteuerten Plastikwelt, die sich gar schon jenseits der Moderne wähnt (»Postmoderne«), kann man als denkender, aufgeklärter Mensch noch *mit* Gott leben? Nur wortgewaltige Prediger werden darauf eine Antwort parat haben. Es sei aber an *Teresa von Avila,* die spanische Nonne und Mystikerin, erinnert. Sie sagte einmal weise: »Gott ist so groß, daß er es wohl wert ist, ihn ein Leben lang zu suchen!«
Mensch, beachte: *Zu suchen!* Und wer meint, Gott gefunden zu haben, sollte sich eilen, das, was er dafür hält, schleunigst wieder fahren zu lassen.

Nach seinem Bilde

Doch wenn Ochsen oder Löwen Hände hätten
oder vielmehr malen könnten mit ihren Händen und Kunstwerke herstellen wie die Menschen,
dann würden Pferde pferdeähnlich, Ochsen ochsenähnlich
der Götter Gestalten malen und solche Körper bilden,
wie jeder selbst gestaltet ist.

Xenophanes

»Gott« = Poesie

Ich kann verstehen, was die Bibel oder echt religiöse Menschen meinen, wenn sie über Gott sprechen, doch teile ich ihre Begriffsvorstellung nicht. Ich glaube vielmehr, daß der Begriff »Gott« durch die sozio-politische Struktur bedingt war, in der Stammeshäuptlinge oder Könige die höchste Macht innehatten. Der Begriff des höchsten Wertes wurde verstanden in Analogie zur höchsten Macht in der Gesellschaft.
»Gott« ist eine der vielen poetischen Ausdrucksweisen für den höchsten Wert im Humanismus und keine Realität an sich.

Erich Fromm

Der niedrigste Gottesbegriff

Der christliche Gottesbegriff – Gott als Krankengott, Gott als Spinne, Gott als Geist – ist einer der korruptesten Gottesbegriffe, die auf Erden erreicht worden sind; er stellt vielleicht selbst den Pegel des Tiefstands in der absteigenden Entwicklung des Götter-Typus dar. Gott zum *Widerspruch des Lebens* abgeartet, statt dessen Verklärung und ewiges *Ja* zu sein! In Gott dem Leben, der Natur, dem Willen zum Leben die Feindschaft angesagt! Gott die Formel für jede Verleumdung des »Diesseits«, für jede Lüge vom »Jenseits«! In Gott das Nichts vergöttlicht, der Wille zum Nichts heilig gesprochen! …

Friedrich Nietzsche

Die Götter sind nie zu Hause

Im Unterschied zu religiösen Glaubensüberzeugungen handelt es sich bei religiösen Schaustellungen um Demutsakte gegenüber dominanten Wesen, die man Götter nennt. Dazu gehören verschiedene Formen der Körpererniedrigung wie das Knien, der Kotau, der Salam-Gruß und die Prostration; ferner liturgische Gesänge, Rituale der Selbsterniedrigung und des Opferns sowie die Darbringung von Geschenken für die Götter und symbolische Ergebenheitsgesten.
Zweck dieser Handlungen ist es, die superdominanten Wesen zu besänftigen und von ihnen Vergünstigungen zu erhalten oder zumindest Strafen abzuwenden. An sich sind diese Verhaltensmuster nichts Ungewöhnliches. In der Tierwelt unterwerfen sich niederrangige Individuen auf ähnliche Weise ihren stärkeren Artgenossen. Seltsam an dieser Art menschlichen Demutsverhaltens ist nur die Tatsache, daß sie dominanten Figuren gelten, die niemals persönlich anwesend sind. Sie werden ausschließlich durch Bildnisse oder Kultgegenstände repräsentiert und üben ihre Machtbefugnisse nur durch Mittelsmänner aus, die man als Priester o.ä. bezeichnet. Diese Mittelsmänner genießen in der Gesellschaft Einfluß und Ansehen, denn ein wenig färbt die Macht der Götter auch auf sie ab. Für die Priester ist es daher außerordentlich wichtig, dafür zu sorgen, daß die Glaubensanhänger den dominanten Göttern ständig gehorsam bleiben. Sie erreichen dies auf verschiedenen Wegen:

1. Sie ermutigen die Gläubigen, Anhänger rivalisierender Gottheiten sozial zu isolieren. Der Druck, den diese dabei ausüben, reicht von Mißbilligung über Zorn und Verachtung bis zu konsequenter Verfolgung. Auch Religionen, die Toleranz predigen, praktizieren häufig soziale Intoleranz. Die Loyalität gegenüber der gemeinsam verehrten lokalen Gottheit erfordert

soziale Abgrenzung gegenüber den Andersgläubigen. Die Folge ist die Entstehung von Sekten und der Ausbruch sektiererischer Gewaltakte.

2. Sie konstruieren häufig schlüssiges Beweismaterial dafür, daß die Gottheiten übermütige Anhänger bestrafen können. Jede natürliche Katastrophe – Überschwemmung, Mißernte, Erdbeben, Hungersnot, Feuer usw. – wird dem Zorn der Götter zugeschrieben, die damit angeblich unbotmäßiges Verhalten bestrafen wollen. Die »Mittler« fördern jede Art von Aberglauben durch Ausschlachten seltsamer Zufälle und bauen auf die leichte Beeinflußbarkeit der Gläubigen.

3. Sie erfinden eine jenseitige Welt, in der die treuen Glaubensanhänger belohnt und die aufsässigen bestraft werden. Es gibt Beweise dafür, daß der Glaube an ein Jenseits schon seit vielen Jahrtausenden existiert. Schon in der Steinzeit erhielten die Verstorbenen Grabbeigaben als Proviant für die Reise ins Jenseits, und dieser Brauch lebt – leicht verändert – noch heute fort.

Überraschend dabei ist die Feststellung, daß sich die sonst so intelligenten Menschen diesem Druck in so vielen Kulturen und Epochen unterwarfen.

Desmond Morris

Ein guter Trip

Der letzte Gottesbeweis, auf den ich dann hereinfiel, vollzog sich auf dem Frankfurter Kirchentag von 1956, zu dem ich als intellektuell halberwachter, immer noch nach religiöser Ersatzgeborgenheit lechzender Oberschüler fuhr. Schwitzend eingekeilt in einer von Kirchentagspilgern berstenden Straßenbahn, wo die Schaffner vor Ergriffenheit das Kassieren vergaßen, fuhr ich vom Massenschlaflager im Zelt zu den Kongreßhallen, und als alle anderen Straßengeräusche hinter dem dröhnenden Lobe-den-Herren-Gesang verschwanden, verschwanden auch für ein paar Minuten noch einmal meine Zweifel und die Ahnung vom großen Betrug. Es hatte mit dem Gefühl der Verschmelzung zu tun, und gleichzeitig mit dem riesigen Erstaunen, daß dein lauthals hinausgebrüllter Name die Gesichter dieser Menschen veränderte, so daß sie eine fröhliche, mit sich selbst versöhnte Seele zu besitzen schienen. Später wurde mir natürlich klar, daß wir, wie man heute sagen würde, einen guten Trip hatten und daß sich ein Teil des Publikums auf dem Kirchentag ebenfalls aus Leuten zusammensetzte, die genau dies suchten: einen Gottestrip, weil die religiösen Hoffnungen sich im Alltag so elend trocken und unfröhlich anfühlten.

Tilmann Moser

Gott als das Selbst des Menschen

Wie der Mensch denkt, wie er gesinnt ist, so ist sein Gott: so viel Wert der Mensch hat, so viel Wert und nicht mehr hat sein Gott. *Das Bewußtsein Gottes ist das Selbstbewußtsein des Menschen, die Erkenntnis Gottes die Selbsterkenntnis des Menschen.* Aus seinem Gotte erkennst du den Menschen, und wiederum aus dem Menschen seinen Gott; beides ist eins. Was dem Menschen *Gott* ist, das ist *sein Geist, seine Seele*, und was des *Menschen Geist, seine Seele, sein Herz, das ist sein Gott:* Gott ist das *offenbare* Innere, das *ausgesprochne* Selbst des Menschen; die Religion die feierliche Enthüllung der verborgnen Schätze des Menschen, das Eingeständnis seiner innersten Gedanken, das *öffentliche Bekenntnis seiner Liebesgeheimnisse.*

Ludwig Feuerbach

Die Frage, ob es einen Gott gibt

Einer fragte Herrn K., ob es einen Gott gäbe. Herr K. sagte: »Ich rate dir, nachzudenken, ob dein Verhalten je nach der Antwort auf diese Frage sich ändern würde. Würde es sich nicht ändern, dann können wir die Frage fallenlassen. Würde es sich ändern, dann kann ich dir wenigstens noch so weit behilflich sein, daß ich dir sage, du hast dich schon entschieden: Du brauchst einen Gott.«

Bertolt Brecht

Angst vor der Leere des Himmels

Eines Abends in Meyrignac stützte ich mich wie so oft schon mit den Ellbogen auf mein Fensterbrett; Stallgeruch stieg zum dunstigen Himmel auf; mein Gebet erhob sich kraftlos und sank dann wieder in sich zusammen. Ich hatte eine Stunde damit zugebracht, die verbotenen Äpfel zu verspeisen und in einem ebenfalls verbotenen Balzacband von dem seltsamen Liebesidyll eines Mannes mit einer Pantherkatze zu lesen; vor dem Einschlafen gedachte ich, mir selbst noch sonderbare Geschichten zu erzählen, die mich in sonderbare Zustände versetzen würden. »Das ist Sünde«, sagte ich mir. Es war mir unmöglich, mich länger selbst zu betrügen: systematischer beständiger Ungehorsam, Lüge, unreine Träumereien waren kein Verhalten, das man als harmlos bezeichnen konnte. Ich versenkte meine Hände in die Kühle der Kirschlorbeerbüsche und hörte dem Glucksen des Wassers zu. Mit einem Male war ich mir klar darüber, daß nichts mich zum Verzicht auf die irdischen Freuden vermögen würde. »Ich glaube nicht mehr an Gott«, sagte ich mir ohne allzu großes Erstaunen. Es war vollkommen klar: wenn ich an ihn geglaubt hätte, wäre ich nicht freudigen Herzens bereit gewesen, ihn zu beleidigen. Ich hatte immer gedacht, daß im Vergleich zur Ewigkeit diese Welt nicht zähle; sie zählte jedoch, denn ich liebte sie ja; statt dessen wog auf einmal Gott nicht mehr schwer genug: offenbar deckte sein Name nur eine Fata Morgana. Seit langem schon hatte meine Vorstellung von ihm sich derart gereinigt und sublimiert, daß er sein Antlitz, jede konkrete Bindung zur Erde und schließlich folgerichtig sein Wesen verloren hatte. Seine Vollkommenheit gerade schloß seine Wirklichkeit aus. Deswegen war ich so wenig überrascht, als ich seine Abwesenheit in meinem Herzen und im Himmel verspürte. Ich leugnete ihn nicht, um mich von jemandem zu befreien, der mir Hemmungen

auferlegte: ich stellte im Gegenteil fest, daß er in mein Leben nicht mehr eingriff, und ich schloß daraus, daß er für mich zu existieren aufgehört habe. (...)
Indessen verwandelte sich das Antlitz der Welt. Mehr als einmal verspürte ich in den folgenden Tagen, wenn ich unter der Blutbuche oder den Silberpappeln saß, mit Angst die Leere des Himmels über mir. Vordem befand ich mich im Mittelpunkt eines lebenden Bildes, dessen Farbe und Lichter Gott selbst ausgewählt hatte; alle Dinge stimmten in sanften Tönen einen Lobgesang zu seinem Ruhme an. Plötzlich war alles still. Welch ein Schweigen! Die Erde rollte durch einen Raum, den kein Blick durchdrang, ich aber war allein, verloren auf ihrer unendlichen Fläche, inmitten des blinden Äthers. Allein: ohne Zeugen, ohne verstehende Gegenwart, ohne seelische Zuflucht. Der lebendige Hauch in meiner Brust, das Blut in meinen Adern, die ganze Unrast in meinem Kopf waren für niemanden da. Ich stand auf und lief in den Park, wo ich mich zwischen Mama und Tante Marguerite unter den Catalpabaum setzte, so stark war mein Bedürfnis, menschliche Stimmen zu hören.

Simone de Beauvoir

Der Durst

In den Augen aller Menschen wohnt eine unstillbare Sehnsucht. In den Pupillen der Menschen aller Rassen, in den Blicken der Kinder und Greise, der Mütter und liebenden Frauen, in den Augen des Polizisten und des Angestellten, des Abenteurers und des Mörders, des Revolutionärs und des Diktators und in denen des Heiligen: In allen wohnt der gleiche Funke unstillbaren Verlangens, das gleiche heimliche Feuer, der gleiche tiefe Abgrund, der gleiche unendliche Durst nach Glück und Freude und Besitz ohne Ende. Dieser Durst, den alle Wesen spüren und von dem auch im Gleichnis von der Samariterin am Brunnen gesprochen wird, ist die Liebe zu Gott. Um dieser Liebe willen werden alle Verbrechen begangen und alle Kriege gekämpft, ihretwegen lieben und hassen sich die Menschen. Um dieser Liebe willen werden Berge bestiegen und die Tiefen der Meere erforscht, für sie wird geherrscht und intrigiert, gebaut und geschrieben, gesungen, geweint und geliebt. Alles menschliche Tun, sogar die Sünde, ist eine Suche nach Gott, nur sucht man Ihn meistens dort, wo er am wenigsten zu finden ist.

Darum sagt der Kirchenvater Augustinus: »Suche, was du suchst, aber nicht dort, wo du es suchst.« Überall suchen wir Gott, auf Festen und Orgien und Reisen, in Kinos und Bars, und doch finden wir Ihn einzig und allein in uns selbst.

In jedem Innern leuchtet die gleiche Flamme, brennt der gleiche Durst. »Wie der Hirsch nach frischem Wasser, so schreit meine Seele nach Dir, o Herr«, sagt der Psalm. Jedes Herz ist von diesem Pfeil durchdrungen.

Der unstillbare Hunger der Diktatoren nach Macht und Geld und Besitz ist in Wirklichkeit Liebe zu Gott.

Der Liebende, der Forscher, der Geschäftsmann, der Agitator, der Künstler und der kontemplative Mönch, alle suchen sie dasselbe, nämlich Gott und nichts als Gott.

Ernesto Cardenal

Die Züchtigung Gottes

Ich aber, dachte Helander, ich werde mich nicht aus dem Staub machen können. Irgendein verrückter Eigensinn läßt mich noch an jenen Herrn glauben, der sich in Honolulu oder auf dem Orion befindet, ich glaube an die Ferne Gottes, aber nicht an das Nichts, und deshalb bin ich eine Persönlichkeit, dachte er

höhnisch, ich falle auf, und weil ich auffalle, weil ich mich unterscheide, werden mich die Anderen erwischen. (...)
Aber muß ich töten, ehe ich getötet werde? Wenn ich mich schon für den Tod und gegen das Martyrium entschieden habe, – genügt dann nicht mein Tod? Der alten Frau in Hamburg hat ihr eigener Tod genügt. Ist es im Sinne Gottes, daß mir der meine nicht genügt, daß ich den rasenden Wunsch habe, zu töten, ehe man mich tötet?
Der Pfarrer wußte, daß Gott fern war. Er hat zwar verhindert, dachte er, daß ich gestern nach dem Krankenwagen telefoniert habe, daß ich geflohen bin, aber das war eine seiner nonchalanten Bewegungen, seiner unberechenbaren Rücksichtslosigkeiten, mit denen er ihn, Helander, noch tiefer ins Unglück stieß. Gott konnte manchmal fast höhnisch zeigen, daß er noch da war, aber er stand den Seinen nicht bei. Wenn er den Seinen beistehen würde, dachte Helander, dann hätte er die Anderen nicht siegen lassen. Gott war nicht die feste Burg des Kirchenliedes, Gott war ein Spieler, der das Reich den Anderen überließ, wenn es ihm gefiel, und vielleicht würde er es, einer Laune gehorchend, eines Tages wieder einmal den Seinen in die geöffneten Hände werfen.
Helander erkannte, daß er sich im Aufstand gegen Gott befand. Er wurde sich klar darüber, daß er töten wollte, weil er auf Gott wütend war. Selbstmord war keine Antwort auf die Unbegreiflichkeit Gottes. Während der Pfarrer die Pistole noch unschlüssig in seinen Händen hielt, begriff er, daß man einen Gott, der den Seinen nicht beistand, züchtigen mußte. Du sollst nicht töten, hatte der ferne hohe Herr erklären lassen. Aber nicht einmal Moses hatte sich an dieses Gebot gehalten. Moses ist jähzornig gewesen, wie ich, dachte Helander, und von Mosis Zorn und altem Schamanenglauben besessen, dachte er: Ich werde töten, um Gott zu züchtigen.

Alfred Andersch

Komm, Herr Jesus sei unser Gast...
Betteln u. Hausieren verboten!

Kapitel 3: Christus – Komm, Herr Jesus

»Komm, Herr Jesus…« – Was längst zum meistgebrauchten und obligatorischen Kürzesttischgebet avanciert ist, war einmal ein Ausruf echter und hingebungsvoller Sehnsucht. »Maranatha« – Komm, Herr Jesus –, heißt es im vorletzten Vers des Neuen Testamentes. Die ersten Christen rechneten mit der baldigen Wiederkehr ihres Herrn. Diese Naherwartung wurde im Laufe der Zeit – der Erfahrung des Ausbleibens gemäß – aufgegeben, die Wiederkunft Christi in immer fernere Zukunft verlegt, bis sie schließlich »am Ende der Zeiten« angelangt war. Das Credo verzichtet klugerweise auf eine Terminierung, spricht nur vom Wiederkommen »in Herrlichkeit«. Sich Spekulationen über den Augenblick der Rückkehr Jesu auf die Erde aufgrund von Zahlenakrobatik zu versagen, ist Ausdruck von Weisheit. Wer es nämlich nicht lassen kann, wie weiland beispielsweise die Zeugen Jehovas oder andere Glaubensgemeinschaften, setzt sich dem Spott und seine Gläubigen der Verzweiflung aus, wenn der Herr für den Tag X versprochen ist – aber Abend ward es und Morgen, und nichts geschieht. Freilich dürfen wir über den einsamen Rufer in der Wüste lächeln, der durch die Innenstadt gemessenen Schrittes wandelt, ein akkurat gemaltes Schild vor sich hertragend: »Jesus kommt!«. In der Tat, das sagt der Glaube. Allein, wann?

Viel theologische Potenz wurde für die Fragen nach Vorher und Nachher des irdischen Lebens Jesu verwandt: Präexistenz, das Sein vor Erschaffung der Welt, und eben die Wiederkehr, um die Lebenden und die Toten zu richten, sind Antwortversuche. Hier interessiert allerdings allein die Zeit dazwischen, das irdische Intermezzo. Es mußte in den ersten Jahrhunderten eigens kirchenamtlich beglaubigt werden, daß Jesus nicht nur ein Geistwesen oder so etwas, sondern ein realer Mensch war. Doch was für einer?

Zu gewöhnlich ist Jesus für *Arno Schmidt*. Seine Herkunft kritisiert er, seine Bildung genügt ihm nicht, ja, Jesu fehlende Sprachkenntnisse im Lateinischen und Griechischen machen ihn für Schmidt insgesamt indiskutabel. Man ist geneigt, rückzufragen, wer dann Gnade finden würde. – *Hans Conrad Zander* stellt Jesus als einen Schmarotzer dar, der es versteht, sich als betreuungsbedürftiger Mann von Frauen aushalten zu lassen.

Aus einem anderen Winkel wirft *Egon Friedell* ein Licht auf Jesus: Er unterscheidet ihn streng von sozialistischen Weltverbesserern. Jesus für innerweltliche Heilsentwürfe zu instrumentalisieren, schiene ihm blasphemisch. Ein Gruß an die kirchliche Friedensbewegung? – *Peter de Rosa* zählt auf, was Jesus nicht wollte, und weist ganz richtig darauf hin, daß Jesus ein Jude war. (Diese Erkenntnis mag heute Allgemeingut sein, doch noch vor sechzig Jahren wurde Jesus von den »Deutschen Christen« zum Arier erkoren.) – Immer hat *Pinchas Lapide* in Jesus den Juden gesehen, ja, vehement darauf hingewiesen, daß Jesus sich selbst als Jude verstand. Lapide fragt, was Jesus den Juden sagen wollte und vielleicht auch heute noch sagen will. Es macht Lapide keine Probleme, Jeschua den Titel Rabbi zuzugestehen; er kann ihn aber nicht als Messias anerkennen. Seine vier genannten Gründe, vor allem der vierte, sollten auch uns zum Nachdenken anregen.

Es fällt einem Mann zu, der kein Christ war, Jesus gegen Auflösung in Mythos zu verteidigen: *Ernst Bloch*. Da klingt bei ihm Bewunderung mit, für diesen Mann, der auftrat »hinein in Unruhe«. Doch die Unruhe der Zeitenwende ist einer Grabesruhe gewichen. So viele bekennen Jesus als den Christus, den von Gott Gesalbten, den Messias, den Retter der Welt. Sie nennen sich nach ihm Christen – und sind doch von einer bemerkenswerten Beziehungslosigkeit zu dieser Person geprägt. Natürlich liegen Auftreten Jesu und seine paar Jahre öffentlichen Wirkens im fernen Lande Israel weit zurück. Doch er selbst hat den Leuten eingeschärft, man könne ihm in jedem Menschen begegnen. Die *Mester*-Karikatur legt den Finger auf die Wunde: Drinnen wird vor dampfenden Schüsseln rituell ein spiritueller Jesus eingeladen; nur ein paar Meter entfernt steht ein realer. Dazwischen eine verschlossene Tür. Öffnung also heißt die Devise, damit Begegnung möglich wird.

Der so gewöhnliche Jesus

Die Persönlichkeit des Mannes, nach dem sich immerhin 30 Prozent der Menschheit nennen, genügt mir nicht! –
Was würden wir heute sagen, wenn ein junger Mann aus irgendeinem unbedeutenden Zwergstaat käme; einem der immer wieder vorhandenen und nicht nur »wirtschaftlich unterentwickelten« Ostgebiete; keiner der großen Kultursprachen mächtig; völlig unbekannt mit dem, was in Jahrtausenden Wissenschaft, Kunst, Technik, auch frühere Religionen, geleistet haben – und ein solcher stellte sich vor uns hin mit den dicken Worten: »*Ich* bin der Weg; *und* die Wahrheit; *und* das Leben«? Wir müßten's uns durch einen herbeigerufenen Dolmetsch erst noch mühsam aus dem barbarischen Dialekt übersetzen lassen – würden wir nicht halb belustigt, halb verständnislos ihm raten: »Junger Mensch: Lebe erst einmal und lerne: und komme dann in 30 Jahren wieder!«?
Genau dies aber war der Fall mit Jesus von Nazareth: er verstand weder Griechisch noch Römisch, *die* beiden Sprachen, auf denen damals alle nennenswerte Kultur beruhte (und auch heute beruht!). Er war mit Homer und Plato ebenso unbekannt wie mit Phidias und Eratosthenes: was ein solcher Mann behauptet, ist für mich von vornherein *indiskutabel!* Um über etwas aburteilen zu können, muß ich es doch wohl wenigstens vorher untersucht haben! (Er selbst scheint auch im allgemeinen bescheidenere Augenblicke gehabt zu haben, in denen er einschränkend alle Nichtjuden für »Hunde« erklärte, und: »Ich bin nur gesandt zu den verlorenen Schafen von dem Hause Israel« Also: »Vorüber, Ihr Schafe, vorüber«.)
Um die Lückenhaftigkeit der von ihm verkündeten, angeblich so übermenschlich hohen Moral zu demonstrieren, stehen Vergleiche zu Gebote, wie etwa dieser: Welch bösartig-charakteristischen Kontrast bietet nicht die »evangelische« Geschichte

vom »Fischzug Petri«, den der Heiland durch ein ausdrückliches Wunder dermaßen segnet, daß die Boote mit der Beute fast bis zum Sinken überfüllt werden – mit dem Verfahren des großen Heiden Pythagoras, der den Fischern ihren Zug, während das Netz noch unter Wasser liegt, abkauft: *und allen geängsteten Tieren die Freiheit schenkt!!: Wen von diesen beiden* könnte man mit mehr Recht einen »Sohn Gottes« nennen? (von denen es mir überhaupt viel zu viele gibt: im Altertum kam das in jeder besseren Familie vor!)

Arno Schmidt

Jesus der Nehmer

»Geben ist seliger als nehmen«, so zitiert Paulus ausdrücklich Jesus selbst (Apostelgeschichte 20; 35). Der heilige Martin von Tours hat sich daran gehalten und seinen Mantel mit dem Bettler geteilt. Ein großes christliches Vorbild. Etwas ähnlich Christliches wird von Jesus selber im Evangelium leider nirgendwo berichtet. Wo er teilt, wie etwa bei der Speisung der Fünftausend, da teilt er nicht real, was er besitzt. Er stellt vielmehr sein Talent, Wunder zu vollbringen, unter Beweis. Das ist etwas anderes.
Jesus ist keiner, der gibt. Er ist einer, der nimmt, was immer er braucht, und zwar recht herrisch: »Und als sie nach Jerusalem kamen, nach Bethphage und Bethanien an den Ölberg, sandte er zwei Jünger aus und sagte zu ihnen: ›Geht in das Dorf da drüben. Und sofort [sogleich, stracks, augenblicklich], wenn ihr hineinkommt, werdet ihr ein Füllen angebunden finden, auf dem noch kein Mensch gesessen hat. Bindet es los und bringt es her! Und wenn einer fragt: ›Was tut ihr da?‹, dann sagt, daß der Herr seiner bedarf. Und sofort [sogleich, stracks, augenblicklich] wird er es hersenden‹« (Markus 11: 1-3).

Doch so gern der »erste neue Mann« auf anderer Männer Kosten zu Tische lag oder auf anderer Männer Kosten nach Jerusalem ritt, leichter noch, viel leichter mußte es dem Sohn Mariens fallen, sich von starken, mütterlich nährenden Frauen aushalten zu lassen: von Maria Magdalena, von Johanna, von Susanna, und von all den anderen Frauen, »die ihm Handreichung taten von ihrer Habe« (Martin Luther). Und umgekehrt: Welch unwiderstehlichen Reiz übt, damals wie heute, der betreuungsbedürftige Mann auf die Mehrzahl der Frauen aus.

Hans Conrad Zander

Kein Zwerggeist

Der Sozialismus will die Armen reich machen: Jesus will, ganz im Gegenteil, die Reichen arm machen; der Sozialismus beneidet die Reichen: Jesus bedauert sie; der Sozialismus will, daß womöglich alle arbeiten und besitzen: Jesus sieht den idealen Gesellschaftszustand darin, daß womöglich niemand arbeitet und besitzt. Und damit berühren wir die eigentliche Stellung Jesu zur sozialen Frage: er lehnt sie einfach ab. Für ihn sind Dinge wie Güterverteilung, Besitz, gerechte Ordnung der Erwerbsverhältnisse das, was die Stoiker ein »Adiaphoron« und die Mathematiker eine »quantité négligeable« nennen: sie gehen ihn garnichts an. Er erblickt seine Mission darin, die Menschen zum Göttlichen zu führen, ein »sozialer Reformator« hat es aber immer nur mit der Welt zu tun. Es ist daher die höchste Blasphemie, die man gegen Jesus begehen kann, wenn man ihn in eine Reihe mit jenen Zwerggeistern stellt, die die Menschheit auf nationalökonomischem Wege erlösen wollten!

Egon Friedell

Ein loyaler jüdischer Laie

Wir müßten den größten Teil der Evangelien streichen, auch die Gleichnisse, um zu behaupten, daß Jesus eine Kirche gegründet hat. Das war nicht nur nicht seine wichtigste Absicht, sondern ihm lag buchstäblich *nichts* ferner. Als gänzlich institutionsferne Figur hatte er keine vom Judentum getrennte Institution im Sinn. Er hatte kein göttliches Horoskop. Er plante keine Hierarchie mit Papst, Bischöfen, Klerikern (ausschließlich Männern), Laien, Sakramenten, unfehlbarem Neuem Testament, unfehlbaren Lehrorganen, kirchenrechtlichen Kodizes und so fort. Der Jüngste Tag stand vor der Tür. Das Gottesreich würde einen ganz neuen Äon, eine ganz neue Zeit bringen. Israel würde wieder gesammelt werden. Er und die zwölf würden darüber herrschen, der neue Tempel würde durch Gott gebaut werden, die Heiden würden der Segnungen Israels teilhaftig werden. Es ist seltsam, daß dieser prophetische und vollkommen loyal jüdische Laie bald als Gründer einer neuen Religion und als Großer Hoherpriester geehrt wurde, den ordinierte Priester am Altar repräsentieren.

Peter de Rosa

Nicht Messias, trotzdem Heiland

In dieser ganzen Biographie und Leidensgeschichte hat Rabbi Jeschua weder durch Taten noch Unterlassungen und auch nicht durch seine Lehre sein gebürtiges Judentum je verletzt, gesprengt oder verlassen. Kronzeugen für diese Behauptung sind »alle Synagogen« seiner Heimat, in denen er »Sabbat für Sabbat« die Tora zu lesen, auszulegen und zu predigen pflegte. Es drängt sich die Frage auf:
Warum aber können ihn die Juden nicht als den Messias Israels anerkennen? Ich will dazu vier entscheidende Gründe anführen:

1. Er trat selbst nicht mit dem Anspruch als Messias öffentlich auf.
2. Er verbot seinen Jüngern und all seinen Bekannten eindringlich, sein Leidensgeheimnis zu enthüllen.
3. Er entzog sich wiederholt allen Huldigungen von seiten des Volkes und vollbrachte seine meisten Heilungen unter dem Siegel strenger Verschwiegenheit.
4. Diese Welt, in der wir leben, ist nach wie vor *unerlöst.*

Obwohl Jesus also *nicht* der Messias Israels war, ist er zum Heiland der Heidenkirche geworden, und in seinem Namen kam die Botschaft des (jüdischen) Monotheismus bis auf die fernsten Inseln. Dank seines Wirkens ist auch fast das gesamte christliche Heilsvokabular bis heute jüdischen Ursprungs: *Himmelreich, Friedensfürst, Buße, Sündenvergebung, stellvertretendes Sühneleiden, Leidender Gottesknecht, Gnade, Auferstehung der Toten* und anderes mehr sind hebräische Theologumena, womit der spätere Entwicklungsweg der Heidenkirche ihr unbenommen sei.

Pinchas Lapide

Keine mythologische Figur

Zu einem Kind, das im Stalle geboren, wird gebetet. Näher, niedriger, heimlicher kann kein Blick in die Höhe umgebrochen werden. Zugleich ist der Stall wahr, eine so geringe Herkunft des Stifters wird nicht erfunden. Sage macht keine Elendsmalerei und sicher keine, die sich durch ein ganzes Leben fortsetzt. Der Stall, der Zimmermannssohn, der Schwärmer unter kleinen Leuten, der Galgen am Ende, das ist aus geschichtlichem Stoff, nicht aus dem goldenen, den die Sage liebt. Trotzdem hat man versucht, wie Moses, so *Jesus* in lauter Legende aufzulösen, mit niemandem dahinter. Danach hat Jesus sowenig gelebt wie Wilhelm Tell, und Herodes hätte sich nicht um Kindermord zu bemühen brauchen, und Pilatus wäscht seine Hände nicht in Unschuld, sondern in Luft. Unzweifelhaft ist Jesus von Mythe umgeben, doch sie ist nur der Rahmen, in den ein Mann eintrat und der von einem Mann gefüllt wurde. Der Rahmen war einer der Erwartungen; als solcher gerade ist er auch für die Existenz Christi wichtig, für dessen Auftritt hinein in Unruhe.

Ernst Bloch

Kapitel 4: Christen – Taufet sie!

Hätte man in der ehedem volksbekannten Fernsehsendung »Was bin ich?« einmal Religionen statt Berufe erraten müssen, welche »typische Handbewegung« wäre es wohl bei den Christen gewesen? Ein Kreuzzeichen schlagen? Gefaltete Hände nach Dürer-Art? Wäre ich bei Robert Lembke als Gast aufgetreten, ich hätte pantomimisch Gießen dargestellt. Das Taufen nämlich ist das konstituierende Element des Christentums. Nicht durch Abstammung, Beschneidung oder Aufnahme ins Vereinsregister wird man Christ, sondern durch den Ritus des symbolisierten – oder auch echten – Untertauchens.

Das Christentum war die richtige Religion zur rechten Zeit: Über alle Grenzen der Rassen und Nationen hinweg stand und steht es allen Menschen offen, allein der Glaube zählt. Man kann vom Christentum halten, was man will: Diese Religion hat wie kein anderer Faktor abendländisches Denken, Kunst, Recht und Moral geprägt. Wer die Welt verstehen will, muß sich mit dem Christentum auseinandersetzen.

Nun haben auch die alten Griechen und Römer Einfluß bis in die Moderne. Doch ihre religiösen Systeme sind mausetot, kein Mensch mehr auf der ganzen Welt streut dem Jupiter Weihrauch in die Glut oder singt der Demeter Hymnen. Die Religion, die sich nach Jesus von Nazareth benennt (ob zu Unrecht oder nicht, bleibt zunächst offen), gibt sich quicklebendig. Zwar prophezeien Essayisten fortschrittlicher Wochenblätter regelmäßig das Ende des Christentums. Aber das Faktum von 1,5 Milliarden Christen sollte nicht aus den Augen verloren werden. Mögen sich in Westeuropa auch Kirchen-

austritte zu Zehntausenden summieren, durch das Bevölkerungswachstum der südlichen Hemisphäre breitet sich auch das Christentum aus.
Bei einer solchen Menge von Christinnen und Christen, gibt es da nicht auch eine Fülle von Christentümern? Daß einzig der *Name* die Christen verbinde, meint *Celsus* schon im 2. Jahrhundert. Was ist ihnen denn gemein? Die Verachtung der Heiden – darauf spielt die beißende Karikatur an – wo sich doch Totem und Kreuz qualitativ nicht unterscheiden? Sollte die Christen gar der Stolz verknüpfen, Christen – und nicht Menschen zu sein? Der *Lessing*schen Passage nach ist es zumindest so.
Daß die christlichen Heilsgeheimnisse den Gläubigen nur noch zu Feiertagen gereichen, prangert *Wolfgang Franke* an. Der Auszug aus seiner kabarettistischen Nummer kommt flott daher und verrät doch viel Wahres. Ebenso die Sätze von *Jürgen Becker* und *Martin Stankowski*; sie gelten wohl nicht nur für kölsche Christen. Mit bravouröser Leichtigkeit formulieren diese beiden Jecken ein tiefgreifendes Dilemma: Theologisch formuliert, ist der Christ seinsmäßig (ontologisch klingt noch besser) dem Nicht-Christen überlegen. In praxi unterscheidet er sich überhaupt nicht von ihm. Mit dem Feuer eines eifrigen, doch enttäuschten Predigers faßt *Sören Kierkegaard* genau dies in Worte.
Man kann dem Christentum eine Menge vorwerfen: Daß beispielsweise die Menschen, die den Holocaust durchführten – vom sogenannten Führer über den schweigenden Nachrichtenredakteur bis zum Gleisarbeiter in Auschwitz –, daß alle diese Menschen das Evangelium vernommen hatten, getaufte Christen waren: Von *Elie Wiesel* sollten wir uns daran erinnern lassen. Daß das Christentum die Spaltung von Seele und Leib, unter Höherbewertung der Seele, so sehr auf die Spitze getrieben hat, kann man ihm vorwerfen: Generationenweise wurde blühenden Menschengeschlechtern die Lust vergällt, die Freude

genommen. Das bedauert *Heinrich Heine*. Doch den bittersten Vorwurf trägt wohl *Karlheinz Deschner* vor: Das Christentum habe die Menschen nicht glücklicher gemacht. Darüber lohnt es sich zu grübeln. Wehe uns, er behielte recht! Dem Namensgeber unserer Religion darf dieser Vorwurf wirklich nicht gemacht werden.

Ihn, den Nazarener, (wieder?) kennenzulernen, darin sieht *Georg Betz* die einzige Chance zur Gesundung der Christen. Da heißt es, die Bibel entdecken, Gottes Wort an uns aus ihr herauslesen! Das ist keine Aufgabe allein für Pfarrer und Vikare, sondern für jede und jeden einzelnen. Taufe allein genügt wohl doch nicht. Christsein hat etwas mit Christus zu tun. Und wenn man es erst einmal mit ihm zu tun bekommt…, dann ändert sich auch etwas.

Einzig der Name verbindet

Wenn alle Menschen Christen zu sein begehren werden, so möchten wohl *diese* es nicht mehr sein. In ihren Anfängen zwar waren sie Wenige und waren Eines Sinns; nachdem sie aber in eine Masse ausgebreitet worden, trennen und scheiden sie sich wieder und wollen Jegliche ihre besonderen Faktionen haben; denn das begehrten sie von Anfang an. Vor Menge von Neuem auseinandergehend widerlegen sie sich selbst, indem sie nur Eines, so zu sagen, noch gemein haben, wenn sie das doch noch gemein haben, *den Namen*. Und diesen allein im Stich zu lassen schämen sie sich doch; das Uebrige ist bei den Einen so, bei den Andern anders eingerichtet.

Celsus

Christen statt Menschen

Du kennst die Christen nicht, willst sie nicht kennen.
Ihr Stolz ist: Christen sein; nicht Menschen. Denn
Selbst das, was, noch von ihrem Stifter her,
Mit Menschlichkeit den Aberglauben würzt,
Das lieben sie, nicht weil es menschlich ist:
Weil's Christus lehrt; weil's Christus hat getan.

Gotthold Ephraim Lessing

Mit Hurra durchs Feierjahr

In Dankbarkeit unwandelbar
Wandeln wir durchs Feierjahr.

A. *(singt)* Gelobt sei der Herr Jesus Christ
Dafür, daß er geboren
Und gab uns einen fetten Grund
Zum Brutzeln und zum Schmoren.

Alle Und daß wir Christen haben frei,
Hallelujah! Juchhei!

B. Dank für den zweiten Feiertag,
O Herr, der tut so gut,
Weil man nach der Erhebung sich
Ungern erheben tut.

C. Gelobt sei der Herr Jesus Christ
Dafür, daß er gestorben
Und hat mit dem Karfreitag uns
Vier freie Tag erworben,

D. Auf daß das Heil wir suchen
Wohl auf der Autobahn

Alle Wenn wir mit großem Fluchen
In einer Schlange stahn.

E. Gelobt sei der Herr Jesus Christ,
Daß er tat auferstehn
Und hat uns einen Tag gemacht,
Daß wir nach Eiern gehn.

Alle Ihr Christen all, herbei, herbei,
Sucht Gottes Sohn in jedem Ei.
Ei, ei, ei, ei,
Osterluzei.
In jedem Nest, in jedem Nest,
Da ist ein Auferstehungsrest,
Ei, ei, ei, ei,

Osterluzei.
Und jeder Has, und jeder Has
Singt Gottes Lob im grünen Gras:

A. Gelobt sei Jesus Christus,
daß er ist auferstanden am dritten Tag,
Welches ist der erste Ostertag.
Und hat auch gemachet den zweiten Ostertag,
Daß wir selber mögen liegen wie tot
Und pennen
Mit Scd-
brehennen.

Alle Mit Sod-
brehennen.

B. Gelobt sei der Herr Jesus Christ,
Daß er gefahren zum Himmel,
Auf daß wir ihn loben mögen
Im Vatertagsgetümmel.

Alle Hosianna, ex und hopp,
Zählt die Promille nicht.
Auch ein besoffner Kopp
Schaut Gottes Angesicht.
Hallelujah, juchhei!

C. Schweinerei,
Daß du nicht freitags gefahren bist
Zu deinem himmlischen Vater,
Denn selbst in dem allerbesten Christ
Erhebt sich ein Höllenkater.

Alle Miau, mio, miau, mio,
Bringt Opfer und seid froh.

D. Gelobet sei der Heilge Geist,
Daß er ward ausgegossen.
Zu Pfingsten blühen allzumeist
Waldmeister und Genossen.

Alle Drum rufet laut Hallelujah,

Ihr Christen all, zum Wohle,
Und fanget auf den heilgen Geist
In einer großen Bowle.

E. Und lobt den Herrn gar laut, ihr Leut,
Weil bald Fronleichnam ist,
Weiß keiner auch, was das bedeut',
Freut sich doch jeder Christ.

A. Und auch der Jungfrau Himmelfahrt
Mag mancher vergnüglich feiern,
Denn wem Maria Huld bewahrt,
Der wohnt an der Saar und in Bayern.

Alle Und zum Ende des Feierjahres loben die Sünder
Sich selber,
Die verkommenen Erdenkinder
Und Satans Kälber,
Denn wenn kein Sünder auf Erden wär
Und wärn keine Sünden
Zu finden,
Wo käm der Buß- und Bet-Tag her,
An dem wir tun Buße
In Muße,
In Muße?

Wolfgang Franke

Die Hintertür-Methode

Der kölsche Christ glaubt ja mitunter
noch nicht mal an Gott.
Beziehungsweise wenn,
dann mehr so in dem Sinne:
»Sag mal,
wieviel Uhr es et?«
»Ich glaube halb elf.«

Glaube im Sinne von:
»Ich bin nicht sicher,
es könnte aber sein.«

Das heißt,
man sollte schon so leben,
daß wenn es Gott gibt,
man dann so gerade noch in den Himmel reinkommt.
Sonst wär das ja blöd.

Aber für den Fall,
daß sich herausstellt,
den gibt es gar nicht,
das hat man sich alles nur ausgedacht,
dann lassen wir doch auch den Kopf nicht hängen.
Dann freuen wir uns doch,
daß wir diese ganzen herrlichen Sünden
alle mitgenommen haben,
die das Leben so bunt und interessant machen.
»Wir sind alle kleine Sünderlein.«

Jürgen Becker, Martin Stankowski

Daß die Christenheit ein ungeheuerlicher Sinnentrug ist

Jedermann, welcher mit Ernst und dazu mit etlicher Fähigkeit zu sehen, sich das, was man so Christenheit nennt, betrachtet, oder auch den Zustand in einem sogenannten christlichen Lande, muß doch unzweifelhaft alsbald recht bedenklich werden. Was mag es doch besagen, daß alle diese Tausende und aber Tausende sich Christen nennen! Diese vielen vielen Menschen, deren weit weit überwiegende Mehrzahl gemäß allem was man vermuten kann, ihr Leben in ganz andern Kategorien haben, etwas, dessen man sich mit der simpelsten Beobachtung vergewissern kann! Menschen, die vielleicht nicht ein einziges Mal zur Kirche gehen, niemals an Gott denken, niemals seinen Namen nennen außer wenn sie fluchen! Menschen, denen es niemals aufgegangen ist, daß ihr Leben irgendeine Verpflichtung Gott gegenüber haben möchte, Menschen, welche entweder auf eine gewisse bürgerliche Unsträflichkeit als das Höchste halten oder gar auch diese nicht so durchaus nötig befinden! Jedoch alle diese Menschen, sogar die welche behaupten, es gebe keinen Gott, sie sind allesamt Christen, nennen sich Christen, werden als Christen anerkannt vom Staate, als Christen begraben von der Kirche, als Christen verabschiedet in die Ewigkeit!

Daß hierin eine ungeheuerliche Verwirrung stecken muß, ein fürchterlicher Sinnentrug, darüber kann doch gewiß kein Zweifel sein. Aber daran rühren!

Sören Kierkegaard

Die Mörder waren Christen

Als ein Jude stehe ich einem Geheimnis gegenüber, und ich kann meine Augen nicht davor verschließen. Was immer ich sehe, ich sehe es im Hinblick auf jenes Ereignis. Es wäre jedoch falsch anzunehmen, dies alles sei nur für uns Juden von Bedeutung. Alles was uns geschieht, kann der ganzen Menschheit geschehen. Man verzeihe mir, wenn ich nun etwas Hartes sage. Ich tue es nicht, um uns zu entzweien, sondern um uns enger zusammenzuschließen. Aber die Wahrheit muß gesagt werden: Wenn die *Opfer* mein Problem sind – die *Mörder* sind es nicht! Die Mörder sind das Problem anderer, nicht das meinige.
Falls ich versuchen könnte zu verstehen – aber das wird mir nie gelingen –, weshalb mein Volk zum Opfer wurde, so werden andere Leute verstehen müssen, oder den Versuch machen müssen zu verstehen, warum die Mörder Christen – sicher schlechte Christen, aber doch Christen – waren.

Elie Wiesel

Ansteckende Krankheit

Doch sehen wir überall die Lehre von den beiden Prinzipien hervortreten: dem guten Christus steht der böse Satan entgegen; die Welt des Geistes wird durch Christus, die Welt der Materie durch Satan repräsentiert; jenem gehört unsere Seele, diesem unser Leib; und die ganze Erscheinungswelt, die Natur, ist demnach ursprünglich böse, und Satan, der Fürst der Finsternis, will uns damit ins Verderben locken, und es gilt allen sinnlichen Freuden des Lebens zu entsagen, unsern Leib, das Lehn Satans, zu peinigen, damit die Seele sich desto herrlicher emporschwinge in den lichten Himmel, in das strahlende Reich Christi.

Diese Weltansicht, die eigentliche Idee des Christentums, hatte sich, unglaublich schnell, über das ganze römische Reich verbreitet, wie eine ansteckende Krankheit, das ganze Mittelalter hindurch dauerten die Leiden, manchmal Fieberwut, manchmal Abspannung, und wir Modernen fühlen noch immer Krämpfe und Schwäche in den Gliedern. Ist auch mancher von uns schon genesen, so kann er doch der allgemeinen Lazarettluft nicht entrinnen, und er fühlt sich unglücklich als der einzig Gesunde unter lauter Siechen. Einst wenn die Menschheit ihre völlige Gesundheit wieder erlangt, wenn der Friede zwischen Leib und Seele wieder hergestellt, und sie wieder in ursprünglicher Harmonie sich durchdringen: dann wird man den künstlichen Hader, den das Christentum zwischen beiden gestiftet, kaum begreifen können. Die glücklichern und schöneren Generationen, die, gezeugt durch freie Wahlumarmung, in einer Religion der Freude emporblühen, werden wehmütig lächeln über ihre armen Vorfahren, die sich aller Genüsse dieser schönen Erde trübsinnig enthielten, und, durch Abtötung der warmen farbigen Sinnlichkeit, fast zu kalten Gespenstern verblichen sind! Ja, ich sage es bestimmt, unsere Nachkommen werden schöner und glücklicher sein als wir. Denn ich glaube an den Fortschritt, ich glaube, die Menschheit ist zur Glückseligkeit bestimmt, und ich hege also eine größere Meinung von der Gottheit als jene frommen Leute, die da wähnen, er habe den Menschen nur zum Leiden erschaffen. Schon hier auf Erden möchte ich, durch die Segnungen freier politischer und industrieller Institutionen, jene Seligkeit etablieren, die, nach der Meinung der Frommen, erst am jüngsten Tage, im Himmel, stattfinden soll. Jenes ist vielleicht eben so wie dieses eine törigte Hoffnung, und es gibt keine Auferstehung der Menschheit, weder im politisch moralischen, noch im apostolisch katholischen Sinne.

Heinrich Heine

Der schwerste Vorwurf

Man kann dem Christentum vieles und Ungeheuerliches vorwerfen, man muß es, und es gibt keine Entschuldigung dafür. Schwerer aber vielleicht als alles wiegt: es hat die Menschen nicht glücklicher gemacht.

Karlheinz Deschner

Bibel statt Katechismus

Gewiß, das Reich Gottes ist nicht vom Menschen her plan- und machbar. Aber Jesus hat die, die sich als seine Gefolgschaft verstehen, auch nicht zur Untätigkeit aufgerufen. Meine Erfahrungen in der Arbeit mit der Bibel lassen mir nichts vordringlicher in den Kirchen erscheinen als die Anstrengung einer intensiven breiten Evangelisierung. Ich plädiere dafür, mit allen Mitteln und Kräften auf den Aufbau von Zellen hinzuarbeiten, in denen sich Interessierte – und es gibt sie noch in größerer Zahl – regelmäßig und häufig gemeinsam und direkt an das Evangelium anschließen und nach einem Leben in ihm und aus ihm fragen. Die derzeit propagierte Nutzung eines Katechismus kann diesen unmittelbaren alltagsbezogenen Umgang mit Jesu Worten nicht ersetzen. Und sie darf ihm auch nicht vorrangig sein! Wenn wir dem Mann aus Nazaret nicht mehr Chancen geben, uns mit seinem Wort anzurühren, und dazu braucht es Zeit und gemeinsames Forschen, was er uns für unser Leben sagen will, dann kann er auch nicht wirken und – mit uns – die Welt verändern. Wenigstens einen Versuch wäre es wert, ihn in viel stärkerem Maße und direkter, lebensbezogener in dieses Land hereinzuholen. Immerhin haben wir

ja etliche biblische Zusagen, die uns dazu Mut machen müßten, dem Mühen um Gottes Wort den Vorrang vor allem anderen zu geben.
Nehmen Christen diese Zusagen ernst, dann wird überall, wo sich ein paar Interessierte zusammenfinden, zur Heiligen Schrift greifen *und* ihr Leben in deren Licht beleuchten und formen, mit der Zeit Gottes Nähe spürbar, weil sich Konkurrenzdruck und Einsamkeit, Minderwertigkeits- und Ohnmachtsgefühle, Angst, Gleichgültigkeit und Unfrieden verringern.
Damit hat diese Gesellschaft im ganzen noch lange kein völlig anderes Aussehen, sind die Rüstungsspirale und der Alkoholismus, sind Selbstmord und Krankheit, Arbeitslosigkeit, Abtreibung, die Entwürdigung der Frau und was hier noch alles nicht in Ordnung ist, bei weitem noch nicht ausgerottet.
Aber wenn hundert, tausend, zehntausend solcher Zellen hierzulande wachsen, die das Wort des Gottes Jesu ins Leben hereinlassen, dem kein Ding unmöglich ist ...!?

Georg Betz

AUSGANG
EINGANG
HEINRICH

Kapitel 5: Kirche – Die eine, heilige, christliche, katholische

Auch wenn sich die beamteten Gottesgelehrten aller Couleur heute weitgehend einig sind in ihrer Neigung, die Erwähnung »katholische« Kirche im Credo im Sinne von *universal* zu interpretieren, so besteht bei den gläubigen Massen Übereinstimmung darin, daß »katholische« Kirche *römisch* und »christliche« Kirche *evangelisch* bedeute. Die Konfessionalisierung der Kirche steht fest wie der Zionsberg. Beim Thema Einheit der Kirche kann man sich anscheinend nur einen Beitritt à la deutscher Vereinigung vorstellen, das Schlucken eines ganzen Traditionsstranges. Bei solcherlei Ängsten werden dann natürlich Weihwasserbecken und Beffchen in den Rang von Glaubensgeheimnissen erhoben, die es zu verteidigen gilt. Trauer und Entsetzen über die kirchliche Zersplitterung und das Gegeneinander bis in konfessionelle Kindergärten hinein, sind an ökumenische Kreise und Gremien delegiert. Dort wird rituell um das Versagen vor dem Herrenwort »daß alle eins seien« getrauert. Derweil wird durch die Taufen in eine spezielle Kirche hinein die Zerrissenheit ihrer selbst zementiert.
Fast sträflich verkürzt, könnte eine Unterscheidung des Kirchenverständnisses folgendermaßen aussehen: Die evangelische Kirche ist eher eine Sammlung einzelner Protestanten, selbständiger Christen. Katholische Kirchenlehre betont die Notwendigkeit, zur Kirche zu gehören. Die Mitgliedschaft allein hat schon rettenden Charakter. Das mag erklärlich ma-

chen, warum letztere Sichtweise öfters heftiger Kritik ausgesetzt war.
Trotz aller Abweichungen existieren doch eine Reihe gemeinsamer Probleme. *Georges Bernanos* klagt über die magere Herde, die in der Kirche einzig Nahrung für ihre kümmerliche Begierde sucht. Mit Nahrung hat auch die Karikatur *Rolf Heinrichs* etwas zu tun. Sie spielt auf das Finanzgebaren der Kirche an. In diesem Zusammenhang stellt *Heinrich Böll* eine sarkastische, aber durchaus treffende und ernst zu nehmende Frage: Wie kommt es eigentlich, daß die Kirche nicht den Einzug von Kirchensteuern Exkommunizierter – deren es durch geschiedene Wiederverheiratete ja reichlich gibt – als ehrenrührig zurückweist? Sollte das etwa als ein Akt liebevoller Zuwendung zu interpretieren sein? Wohl kaum! – *Leonardo Boff*, der gemaßregelte südamerikanische Theologe, zumindest mußte Erfahrungen machen, auf die Prädikate wie »barmherzig« nicht zutreffen. Wer Theologie lehren darf und was gelehrt werden muß, bestimmen selbstredend die Kirchen. Zahlen allerdings darf diesen Spaß in Deutschland der Staat. Der Staat wiederum sind Bürgerinnen und Bürger. So finanzieren alle, Kirchenglieder und Nichtkirchliche, die eheliche Verflechtung von Kirche und Staat: Religionsunterricht, Militärseelsorge etcetera. *Erwin Fischer* macht darauf aufmerksam.
Spricht *Heinrich Böll* in seinem Gedicht »Köln II« wirklich nur von der Stadt am Rhein oder nicht vielmehr über die Kirche an sich? Domherrengebein macht er aus, Madonnenhaar, Bürgertalg und andere exklusive Zutaten. Von Christus keine Spur. Wen wundert's, daß auch die Leute stiften gehen, wenn die Kirche ohne Jesus auszukommen scheint? – *Jutta Richter* läßt an ein paar Gedanken teilhaben, die eine junge Frau bei ihrem Kirchenaustritt hat. Der Austritt ist eine Formsache, erledigt in ein paar Minuten. Erinnerungen und Emotionen lassen sich so flott allerdings kaum verarbeiten. So bleiben oftmals zwiespältige Gefühle, bisweilen Heimweh, sogar Sehnsucht nach

der Übermutter Kirche. *Adolf Holl* berichtet davon. Für *Wilhard Becker* und *Ulrich Schaffer* liegt die Lösung nicht in der Rückkehr zu vergangenen Geborgenheiten, sondern im Auszug aus der Arche: darin, die geschützen Räume – geistlich wie praktisch – hinter sich zu lassen, um sich aufmachen zu können in die Welt, wo Gott auf die Menschen wartet. Wobei eben diese Räume durchaus auch einen positiven Aspekt haben: Sie bieten nämlich Menschen in einer sich individualisierenden und vereinsamenden Welt Möglichkeiten zur Begegnung.
Alfred Loisy spottete einst: »Jesus verkündete das Reich Gottes, gekommen ist die Kirche«. Das ist natürlich immer noch besser als die Hölle, trotzdem aber keine Alternative!

Raffinierte Mittelmäßigkeit

Der Ungläubige, der sich zum erstenmal den Frommen nähert, von denen er noch eine sehr vage Vorstellung hat, würde sich gern damit abfinden, daß sie ihm komisch vorkommen. Sein Gottverlangen, sofern es überhaupt vorhanden, ist noch so unabgeklärt, so fleischlich, daß er es sogar in Kauf nähme, wenn sie wirklich so verkommen wären, wie sie in der Darstellung der abgefallenen Christen erscheinen, ohne deshalb schon zu verzweifeln. Zu seiner großen Enttäuschung sind sie weder das eine noch das andere, sondern von einer so eigenartig komplizierten, so raffinierten Mittelmäßigkeit, bei völlig unscheinbarem Äußern, daß man an die Erbmängel sehr alter Geschlechter, an die unbewußte Perfidie, die ohnmächtige Tücke und Eifersucht eines herabgekommenen Standes denken muß. Es braucht viel Zeit, viel Beharrlichkeit und Liebe, um zu verstehen, daß diese magere Herde die große Not der Kirche ist. Einzig zusammengehalten durch Gewohnheit oder Furcht, ist für sie das Göttliche kaum mehr als eine Art Alibi ihrer Trägheit, ihrer Furcht vor jedem männlichen Kampf, ihres krankhaften Bedürfnisses, die Hand eines Herrn über sich zu fühlen, seine Macht zu spüren. Doch wo fänden sie eine Hürde, wenn nicht in der Kirche? Sie wendet sich nur an das Gewissen, will nur einen inneren Bereich bestimmen, zu dem Gott allein Zutritt haben kann, wohingegen eine politische Partei als erstes Bürgschaften verlangt. So drängen sie sich um den Altar, schieben die Heiligen nach hinten in den Vorraum, ein Haufen Elender, die von Geschlecht zu Geschlecht in der Kirche nur Ruhe, Ehren oder Renten suchen, weil sie unfähig sind, anderwärts Nahrung für ihre kümmerliche Begierde zu finden.

Georges Bernanos

Geld stinkt wohl nicht nach Sünde?

Es gibt sechsundzwanzig Millionen westdeutsche Katholiken und einen westdeutschen Katholizismus. Die Frage, ob und wie dieser die sechsundzwanzig Millionen repräsentiert, ist nie so recht gestellt worden. Gern mokiert man sich gelegentlich über die sogenannten Taufscheinkatholiken, kirchensteuerzahlende Gleichgültige, deren Steuergeld aber offensichtlich nicht so schmutzig ist, daß man's empört zurücküberweisen müßte. Es gibt keine theologische Möglichkeit, einen Taufscheinkatholiken als solchen zu bezeichnen. Wer repräsentiert im deutschen Katholizismus diese ungeheuer große Zahl der Gleichgültigen? Ich weiß nicht, ob die kirchlichen Behörden so penibel wären, wenn eine oder einer durch eine kirchlich nicht existente Ehe automatisch exkommuniziert ist, dem Finanzamt mitzuteilen, es möge der Sünderin oder des Sünders Geld zurückweisen? Und wer repräsentiert im deutschen Katholizismus die schlechten Katholiken, die ins Kröpfchen geraten sind?

Heinrich Böll

Gleichgeschaltet

Die subjektive Erfahrung, die ich in diesem 20jährigen Ringen mit der Lehrautorität gemacht habe, ist diese: Sie ist grausam und unbarmherzig. Sie vergißt nichts, sie verzeiht nichts, sie verlangt alles. Jede erforderliche Zeit und alle nötigen Mittel werden eingesetzt, um das Ziel zu erreichen: nämlich die Gleichschaltung der theologischen Intelligenz.

Leonardo Boff

Staatskirche, immer noch

Die Ausbildung der Geistlichen vollzieht sich in der Bundesrepublik meist in theologischen Fakultäten bzw. Fachbereichen der Universitäten *auf Staatskosten.* Dies widerspricht der Kirchenfreiheit, die den Religionsgesellschaften die selbständige Ordnung ihrer eigenen Angelegenheiten überläßt, insbesondere die Verleihung ihrer Ämter *ohne* Mitwirkung des Staates. Dazu gehört auch die Ausbildung der Geistlichen, die den in weltanschaulicher und religiöser Hinsicht neutralen Staat nichts angeht. Zur Rechtfertigung beruft man sich meist auf Artikel 5 GG, der die Freiheit der Wissenschaft garantiert. Die Theologie als »Wissenschaft« von Gott und seiner Offenbarung sowie vom Glauben und Wesen der Kirche erfüllt indessen nicht die allgemein anerkannten Minimalforderungen, die an eine Wissenschaft gestellt werden, insbesondere nicht den Verzicht auf dogmatische Fixierung, auch wenn einzelne Bereiche, die sich jedoch nicht auf den Beruf des Geistlichen auswirken, wissenschaftlich orientiert sein mögen. Da im Gegensatz zur Weimarer Reichsverfassung (siehe Artikel 140 Absatz 3) das Grundgesetz keine Garantie für die theologischen Fakultäten enthält, sind sie grundgesetzwidrig.

Erwin Fischer

Köln II
Für Grieshaber

Sie glaubt nicht an Dauer
und dauert so lange
ewig ewig
heilig heilig
will sie nicht sein

Über zerbrochenen Bischofsstäben
kocht sie ihr Süppchen
Material
aus Tränen
Asche der Heiligen
Hurenblut
Bürgertalg
zermahlenem Domherrengebein

mit Pinsel
aus Madonnenhaar
malt sie Flüche
an die Mauerreste
tief tief
unter dem Dom

beschwört ihn
sie liebt ihn
er sie nicht
immer immer
fließt er an ihr vorbei

Heinrich Böll

Ausgelöscht

Der Beamte gibt mir seinen Kugelschreiber. Eigentlich müßte ich mit Tinte unterschreiben, mit vollem Vor- und Zunamen, mit meinem Namen. In Schönschrift, denke ich, mein Name in Schönschrift. Sich selbst annehmen, so wie man ist, und das quittieren hier vor einem Mann, der es nicht versteht. Darauf bin ich stolz. Damit hoffe ich etwas zu ändern. Mir fällt der Firmritus ein: *Widersagst du dem Teufel? Ich widersage.* Ich widersage der Schuld. *Und vergib uns unsere Schuld.* Daß das Vergeben von Schuld auch eine menschliche Sache ist, haben sie uns lange genug vorenthalten. Ich glaube, Schuld kann nur von Menschen vergeben werden. Dazu braucht man keine lila Stola, keinen dunklen Beichtstuhl, keine gesalbten Hände. Das macht die Priester überflüssig. Davor haben sie Angst. Nie konnte ich das Glaubensbekenntnis sprechen, weil ich den Satz *Ich glaube an die heilige katholische apostolische Kirche* nicht sagen wollte. Dieser Satz trennt die Katholiken von allen anderen Menschen. Um diesen Satz sind die Glaubenskriege geführt worden. Damit will ich nichts zu tun haben. Ich widersage der Schuld.

Meine Großmutter hängte am Karfreitag die Wäsche nach draußen auf die Leine, während ihre evangelischen Nachbarn im Sonntagsanzug zur Kirche gingen. Sie sprachen erst nach Ostern wieder miteinander. Bis dahin waren sie verfeindet. Du spielst nicht mit denen, sagte meine Großmutter nach dem Osterkaffee. Und all das unterschreibe ich jetzt, um es auszulöschen. Damit habe ich nichts zu tun. Mein Name, denke ich, das ist mein Name, und ich bin stolz.

Jutta Richter

Mutter Kirche muß manchmal streng sein

Die Anhänglichkeit an die Mutter Kirche stellt sich somit als eine eigentümliche Verschränkung zwischen Weltläufigkeit und Himmelssehnsucht dar. Die Mutter Kirche, in meinem Fall die römisch-katholische, ist eine recht diesseitige, fast hätte ich gesagt: eine behagliche Gestalt. Politisch durch und durch, verkündet sie unentwegt, daß sie mit Politik nichts zu schaffen hat. Vielleicht war sie in einer früheren Verkörperung eine der sogenannten Großen Mütter im Mittelmeerraum, eine der Fruchtbarkeitsgöttinnen, und hat sich unter Kaiser Konstantin gewissermaßen internationalisiert. Jedenfalls ist ihr die Herkunft vom Mittelmeer immer noch anzumerken, sie kennt das Entweder-Oder kaum, hält sich lieber ans Sowohl-als-Auch, arrangiert sich nicht ungern mit den Gewalthabern und ist deshalb im Mittelalter gelegentlich als apokalyptische Hure bezeichnet worden. Sie kann sehr grausam sein, wie es sich für eine archetypische Mutter gehört, insbesondere gegen die eigenen Kinder. Sie wird es sich nie anmerken lassen, daß sie sich als Hauptperson im Universum betrachtet; stets wird sie sich als dienende Person im Gefolge des himmlischen Vaters bezeichnen. Aber in ihren heimlichen Träumen sieht sie sich verewigt, als Himmlisches Jerusalem, wie in der Apokalypse angedeutet. Die Missa Papae Marcelli von Palestrina ist in Wahrheit für die Engel komponiert, wovon man sich leicht überzeugen kann, wenn man dieser Musik lauscht. Auch die Redewendung von der »ewigen Stadt« ist nicht nur so dahingesagt, in ihr wird keine Unterscheidung zwischen Diesseits und Jenseits gemacht, da soll etwas immer und ewig so sein und bleiben, nämlich die heilige Roma, wie sie war im Anfang, jetzt und alle Zeit.

Man kann verstehen, daß eine solche Mutter starke Heimatgefühle zu vermitteln vermag, eine Geborgenheit besonderer Art, eine selbstverständliche, die mit Kindheitserinnerungen verbunden ist.

Adolf Holl

Der Auszug aus der Arche

Jesus vergleicht die Zeitverhältnisse seiner Wiederkunft mit den Zeiten Noahs. Vielleicht hat dieser Gedanke viele Christen verführt, so wie Noah eine Arche zu bauen, um der bevorstehenden Katastrophe zu entgehen. Jesus hat aber seine Jünger niemals aufgefordert, Schutzräume zum Überleben zu bauen und Inseln der Seligkeit für ihr inneres Wohlergehen. Die Christen brauchen überhaupt nicht für ihr eigenes Wohlergehen zu sorgen oder an ihre Überlebenschance zu denken. Ihre Chancen liegen bei dem sie für Zeit und Ewigkeit versorgenden Vater. Sie dürfen Gedanken und Hände freihalten für andere. Sie sind für die Welt da. Die Verzeichnung des Evangeliums begann schon damit, daß Christen begannen, sich in Schutzzonen zurückzuziehen, eine eigene Sprache zu entwickeln und mehr an ihr eigenes Wohl zu denken als daran, immer wieder hinausgestreut zu werden als Saatgut. Wer heute in die christliche Landschaft hinausschaut, sieht, wie allenthalben Archen gezimmert werden. Jeder verspricht eine bessere Rettungschance. Die Archen werden immer dichter verschlossen, damit keiner herauskann oder Unbefugte nicht hineinkönnen. Nur mit dem richtigen Bekenntnis, Taufritus, Vokabular, Lebensstil, Gottes- und Endzeitverständnis wird der Platz gewährt und das Gerettetsein zugesichert. Eine gewisse Tragik liegt darin, daß

wirklich Verlorene nicht mehr Eingang finden, sondern nur noch der eigene Nachwuchs, und daß man von einer Arche zur anderen überwechselt.
Für den Christen heißt es immer wieder, auszuziehen aus den geschützten Räumen der Kirchen und Organisationen, um wieder dorthin zu kommen, wo seine Existenz gebraucht wird. Rückzugstendenzen und Flucht vor der Wirklichkeit in geschützte Räume sind ein Verrat am Auftrag für die Welt. Die Archen müssen aufgebrochen werden, damit ihre Insassen zueinander finden und miteinander den Befehl Jesu, in die Welt zu gehen, ernst nehmen. (…)
Jesus hat sich anscheinend etwas Menschenunmögliches vorgenommen, als er seine Jünger aufforderte, ohne die üblichen Bindemittel, die eine menschliche Gemeinschaft zusammenhalten, zu leben. Keine Fahnen, kein Gleichschritt, keine Uniformen und Parolen, keine überragende Führergestalt, keine Zentrale, die Einsätze steuert und Statistiken erstellt, keine Mitgliedsverzeichnisse oder Parteibücher sind wichtig für den Zusammenhalt der neuen Gemeinschaft. Allein die unsichtbare Gegenwart dessen, der versprochen hat, bei zweien und dreien dabei zu sein, wenn sie sich in seinem Namen treffen, ist die Verbindung, die sie hält.

Wilhard Becker, Ulrich Schaffer

Botschaften.

Offenbarung Johannes 18, 14.

Kapitel 6: Theologen – Heiliger Vater

Es begab sich in Augsburg im Jahre 1987: Der Papst höchstpersönlich weihte für den Nachwuchs (den geistlichen, versteht sich) ein Priesterseminar ein. Der Zeremonienmeister reichte ihm ein Blatt, der Papst hub an: »Heiliger Vater«, stockte. Für einen Augenblick war er unsicher, ob es sich bei den ersten zwei Worten des Textes um eine Regieanweisung für ihn – oder um die Anrede Gottes in einem Gebet handelte... Eine recht seltsame Blüte des Klerikalismus, zugegeben, und dennoch ein Symptom.

Protestanten übrigens mögen über die Papst-Anekdote grinsen nach dem Motto »Sowas gäb's bei uns ja nicht«. Doch ist der konfessionelle Unterschied der Theologen (deren Studenten sich zuweilen als »Schriftgelehrte« bzw. »Messe-Magier« titulieren) wirklich so gravierend? Theologisch betrachtet, so zumindest die Theologen (notabene!), ist er qualitativ: hüben geweihte Priester in apostolischer (petrinischer) Sukzession, drüben ordinierte Prediger in paulinischer Tradition. Wie auch immer: Die Übereinstimmungen in den Schwierigkeiten überwiegen. Nicht ohne Grund nennt man die Pfarrer beider Kirchen gleicherweise »Geistliche«. Sind sie nur Geist, nur Seele, nur Hirn und Kopf, also weder Fleisch noch Fisch?

Wer in Deutschland lebt (man könnte auch sagen in der nördlichen Hemisphäre), hat schon einmal mit Gottesgelehrten zu tun gehabt – und sich mit Sicherheit über sie geärgert: Da sind schlechte Erfahrungen mit der eigenen Konfirmandenzeit, da fand man die Ansprache des Priesters bei der

Beerdigung der Tante miserabel, da brachte einen das lächelnde Statement des Bischofs zur Notwendigkeit der Kirchensteuer in Rage…

Ansätze, die Theologenschaft zu kritisieren, sind zuhauf vorhanden: *John Seymour* sitzt sicher unhaltbaren frühaufklärerischen Vorurteilen auf, wenn er meint, Religion und Priestertum seien am grünen Tisch »erfunden« worden. Doch daß der Theologenstand eine Frucht der Arbeitsteilung ist, scheint festhaltenswert zu sein: Während sie tiefgründig denken und eifrig glauben, müssen andere für ihren Lebensunterhalt mitarbeiten. Doch wovon leben sie dann, wenn sie selbst weder pflanzen noch ernten? Natürlich, sie leben von der Kirche, wie *Borislav Sajtinac* mit spitzer Feder zeichnet. Auch *Sören Kierkegaard* bewundert sie ironisch: Die Pfarrer leben von etwas, das es gar nicht gibt. Und was tun sie dann den ganzen Tag? Reden, Schwatzen, Streiten – meinte immerhin schon 1509 kein Geringerer als *Erasmus von Rotterdam*.

Aber sie kümmern sich doch wenigstens um das Wort Gottes, die Theologen! *Asmus Petersen* provoziert, wenn er feststellt, die Bischöfe glaubten ohnehin an nichts. Doch er greift sie mit ihren eigenen Waffen an: Ist denn nicht das Verfügbarmachen von Gottes Wort Anmaßung? Und kommt es nicht in der Tat einer Bemächtigung gleich, wenn der Oberhofprediger schon durch sein Auftreten den Bibelvers vergewaltigt *(so Sören Kierkegaard)*?

Die Hierarchen sind halt gut für die Hierarchie, antwortet *Ulrich Jaekel* sich selbst auf seine Frage an den Papst, wem er eigentlich nutze. Ob bei diesem schon die in der Religionsgeschichte bekannte Vergottung des Priesters eingesetzt hat, von der *Wilhelm Breuning* zu berichten weiß? Das Leiden an der zunehmenden Bedeutungslosigkeit lenkt den Blick noch mehr auf den eigenen Stand: Das Ideal ist der Kleriker, der gar kein eigener Mensch mehr ist, sondern nur noch aufgrund der Amtsgnade existiert *(Eugen Drewermann)*. Dafür unerläßlich ist katholischerseits die Aufrechterhaltung des Zölibats, weil nur der mit Vorschriften vollgestopfte »Sakral-Techniker« (Carl Amery) sachgemäß mit dem Heiligen umzugehen weiß. Vier undurchdringbare »Verteidigungsringe«, so *Winfried Blasig*, sollen dafür Sorge tragen, daß die Kleriker unbehelligt von äußerer Kritik, zum Beispiel der Unwissenden, d.h. der Laien, die Kirche regieren und den Glauben bewahren.

Und wenn nicht alles nach Plan verläuft, wenn der Schriftgelehrte an der Schrift zweifelt, der Seelsorger sich um seine eigene Seele sorgen muß? *Paul Schulz* erwähnt, wie Kollegen mit Glaubensproblemen umgehen: hilflos und unglaublich naiv…

Da gab es noch einen in der Kirche nicht ganz unwichtigen Mann, der allerdings weder Papst noch Kardinal, weder Erz-, Landes-, Diözesan- oder Weihbischof war, nicht Präses, Domkapitular, Monsignore oder Prälat, nicht Oberkirchen- oder Geistlicher Rat, nicht Superintendent, nicht Dekan, nicht einmal Pfarrer, Pastor, Vikar, Kaplan, Diakon – er hätte vielleicht nicht einmal die Prüfung für Gemeindereferenten geschafft, mangels rechter Gesinnung. Die harschen Worte *Jesu* über die Gesetzeslehrer seiner Zeit stehen den Beiträgen unserer Zeit in ihrer Schärfe nicht nach. Und sie werden von hohen Kanzeln oder weihrauchumwölkt von eben jenen feierlich vorgetragen, die heute gemeint sind. Eine satte Leistung, diese Ignoranz. – Die Verse aus dem Evangelium (!) stehen hier nicht ohne Grund als »Verschnauftext«. Sie wollen sagen, daß die Kritik an den Theologen aus der Mitte des Glaubens selbst kommt, sie wollen dazu ermuntern, mutig denen entgegenzutreten, die sich als Herren über den Glauben aufspielen. An die Frage zu tippen, ob Jesus überhaupt einen beamteten Predigerberuf ins Leben rufen wollte, ist reizvoll und legitim. Der Wirklichkeit der Kirche wird sie aber nicht gerecht. Die Kirche, wie sie heute ist, braucht Theologen. – Was aber, wenn die Menschen sie nicht mehr brauchen?

Was die Menschen benötigen, sind mutige und ehrliche Verkünder der Frohen Botschaft. Das ist Aufgabe aller Christen. *Carlo Carretto* ermuntert auch die sogenannten Laien, sich als Priester Gottes zu begreifen.

Einfluß der Priester

Die Auswirkungen der neusteinzeitlichen Neuerungen auf die Vorstellung des Menschen von der restlichen Natur waren einschneidend.
Zum einen wurde die Religion erfunden. Nicht die naturbezogene, animistische Religion meines Freundes Joseph und seiner Stammesbrüder, die das ganze Universum als göttlich und bedeutungsvoll empfanden und wußten, daß es irgendeine Macht oder Kraft gab, die die gesamte Natur, sie eingeschlossen, lenkte, sondern von Priestern erfundene und organisierte Religionen. Das Priestertum wurde erfunden. Die neue Disziplin, die infolge seßhafter und gegeneinander kämpfender Gemeinschaften notwendig wurde, konnte durch Priester erheblich gestärkt werden.
Priester waren von der Arbeit dispensiert und hatten Zeit, nachzudenken, die Sterne zu beobachten und andere Bereiche der Natur zu studieren. Das verschaffte ihnen großen Einfluß, der sie in die Lage versetzte, den anderen Menschen, die für nichts dergleichen Zeit hatten, ihren Willen aufzuzwingen. Indem sie Mythen erfanden, die Hoffnung auf den Himmel erweckten und die Schrecken der Hölle in Aussicht stellten, konnten sie die Leute weitgehend dazu bringen, das zu tun, was sie wollten.

John Seymour

Kunststück

Man kann nicht von nichts leben. Das hört man so oft, besonders von den Pfarrern.
Und gerade die Pfarrer bringen das Kunststück fertig: das Christentum ist überhaupt nicht da – und doch leben sie davon.

Sören Kierkegaard

Die Fachsprache

Selbst ich muß bisweilen darüber lachen, daß sich die Theologen erst dann als vollkommen betrachten, wenn sie in ihrem garstigen Kauderwelsch so konfuses Zeug zusammenreden, daß sie höchstens ein Verrückter verstehen kann; denn was der Menge unverständlich ist, halten sie für den Gipfel des Scharfsinns.

Erasmus von Rotterdam

Hochmut der Geistlichen

Heute geht das anders, man kommt als ungläubiger, sicher auch als kaputter Geistlicher phantastisch über die Runden. Wenn ich mir die machtbewußten, in Tagesgeschäften hart gewordenen Gesichter neu eingesetzter Bischöfe in der Zeitung ansehe, weiß ich genau, daß die an nichts glauben. Alle Achtung. Klare Linie. Glauben geht nicht, erstens nicht wegen der Zeitverschwendung. In Depressionen zweitens würden sie versinken müssen, weil sie sich der großen Hybris bewußt sind, daß ihre Kirche Gottes Wort verfügbar gemacht hat, daß Menschen es unternommen haben, sich der Wahrheit Gottes zu bemächtigen.

Asmus Petersen

...und niemand lacht!

In der prachtvollen Domkirche erscheint der hochwohlgeborene, hochehrwürdige Geheime-General-Ober-Hof-Prediger, der vornehmen Welt auserwählter Günstling, er erscheint vor einem auserwählten Kreis Auserwählter und predigt *gerührt* über den von ihm selbst ausgewählten Text: »Gott hat das Geringe und Verachtete in der Welt erwählt« – und da ist niemand, der lacht.

Sören Kierkegaard

Die ach so heiligen Führer

Wem also nutzen Sie, Herr Papst? Und wem nutzt die hierarchische Struktur der Kirche? Ganz einfach: Sie nutzt der hierarchischen Struktur der Kirche. Also den Hierarchen. Leider eine zutreffende Tautologie, kein Witz! Eines muß ich allerdings zugeben: die eisenharten Hierarchen sind mir manchmal lieber als die netten. Von den ersteren kann ich mich leichter distanzieren, ohne Mitleid. Zu den letzteren habe ich selbst gehört. Allzu lange hatte ich darum auch Mitleid mit mir selbst. Ohne jeden Spott und mit wenig Bitterkeit muß ich darum auch die Gewissensfrage formulieren: Wie sollen beamtete Narzißten, die an ihrer zunehmenden Bedeutungslosigkeit leiden, das Evangelium von der Liebe weitergeben? Daß die unterm Zölibat alt gewordenen Männer, die nun an der Spitze der Hierarchie über die Abschaffung des Pflicht-Zölibats entscheiden könnten – daß diese alten Männer jüngeren Männern und/oder Frauen ein gemeinsames Priesterbett gönnen (können), ist absolut unwahrscheinlich. Schade, für beide Teile!

Ulrich Jaekel

Kultspezialisten

Die Bezeichnung Priester entwickelte sich aus dem griechischen Wort *presbyteros* mit der Bedeutung Ältester, Vorfahre und bezeichnet eine Person, deren Funktion darin besteht, als Bevollmächtigter oder Vertreter einer Religionsgemeinschaft kultische und rituelle Handlungen zu vollziehen und so als Mittler zwischen den Menschen und der Gottheit zu fungieren. Der Priester gehört somit zu einer Gruppe von Personen mit ähnlicher Aufgabenstellung wie Staatsbeamte, die ebenfalls kultische Handlungen vollzogen, Propheten, Mantiker und Schamanen, deren Aktionen durch größere Spontaneität gekennzeichnet sind, sowie dem *pater familias* mit seiner priesterlichen Funktion, läßt sich aber in den meisten Fällen klar von diesen unterscheiden. Der Priester, dessen körperliche Unversehrtheit eine wichtige Voraussetzung für die Ausübung seines Amtes ist, erscheint als Hüter der kultischen Tradition, die er als Spezialist beherrscht und deren genaueste Befolgung er garantieren kann. In seiner Person ist die ursprüngliche Gotterfülltheit in eine geregelte Amtshandlung übergegangen. Seine Macht, die er entweder durch Geburt erblich besitzt oder aber erst durch den Vorgang der Priester-Weihe erhält, ermöglicht es ihm, sich ohne Gefahr der göttlichen Sphäre zu nähern, um so seiner Vermittlerrolle gerecht werden zu können. Damit diese Mächtigkeit erhalten bleibt, muß er sich bestimmten asketischen Übungen sowie Speise- und Reinheitsgeboten unterwerfen. Auf der anderen Seite werden ihm von der Gemeinschaft aufgrund seiner Fähigkeiten Privilegien eingeräumt, die bis zur Vergottung des Priesters führen können.

Wilhelm Breuning

Ideal des unpersönlichen Menschen

Es zeugt daher von Hochmut, Stolz und Insurgenz, zu meinen, die eigene Person sei es, die das Amt des Klerikers ergriffe, trüge und gestaltete; umgekehrt: was ein Kleriker ist und was ihn in Zeit und Ewigkeit bestimmt, ist der Umstand, daß Gott an ihm handelt und wirkt; er selber ist nichts – das hat die zentrale Einsicht seines Lebens zu bilden; das einzige, was ihn ausmacht und auszeichnet, ist sein Amt als Kleriker. Sobald er das Kleid des Mönchs, die Soutane des Priesters, das Habit der Nonne auszieht, steht er buchstäblich nackt: beschämt, erbärmlich und in obszöner Lächerlichkeit vor den Augen aller da. Die Amtsgnade, die ihm so zuteil wird, fordert und fördert die gänzliche Entleerung der gesamten eigenen Existenz, des gesamten eigenen Selbstwertgefühls an die objektive Werthaftigkeit des Amtes. Sich vom Amt her zu verstehen, sich stets an die Würde des Amtes zu erinnern und das eigene Sein gänzlich in die objektive Form des Klerikerseins zu entäußern, gilt fortan als die entscheidende Gabe Gottes und als die wesentliche Aufgabe klerikaler Existenz. Nur jemand, der diese Umstülpung des Daseins, diese Schwergewichtsverlagerung vom Persönlichen in das Institutionelle, aus eigenem Bedürfnis an sich vollziehen läßt, ja, der sie als eine gnädige Befreiung von sich selber und zugleich zu sich selber erlebt, entspricht in vollem Sinne dem Idealzustand der klerikalen Psyche. Es ist der Standpunkt einer totalen Unterwerfung, einer in der Tat *verzweifelte Resignation* – der wahre Gegenpol der *Sartre*schen Philosophie, in theologischer Reflektiertheit eine extreme Ideologie der Ichschwäche und der Icheinschränkung – das äußerste Gegenstück einer Psychologie der »Selbstverwirklichung« und des »Selbstseinwollens«.

Eugen Drewermann

Heilige Hochspannung

Die Anfrage lautet, in einem Satz: warum wird der Zusammenhang zwischen dem Priester-Zölibat und der vorgeschichtlich-magischen Furcht vor der Macht der *Sacra* niemals erörtert?

Mein Verdacht ist, daß zwischen dem Mönchs- bzw. Nonnen-Zölibat und der geforderten sexuellen Enthaltsamkeit der Priester ein existentieller Unterschied größten Ausmaßes besteht. Dieser Unterschied wird teilweise dadurch verschleiert, daß dem Priester-Zölibat die mystischexistentiellen Motive des Mönchszölibats aufgepropft werden; doch weist die Religionsgeschichte wesentlich andere Motive aus.

Diese Motive sind so alt wie die uns bekannte Menschheit. Das »Heilige«, und zwar ganz konkret der heilige Gegenstand, ist immer gleichzeitig das »Furchtbare«, enthält in sich sowohl das Potential höchsten Segens wie höchster Gefährdung. Es steht (wenn wir ein banales modernes Bild gebrauchen dürfen) ständig unter »Hochspannung« und bedarf des kundigen Umgangs, den nur Berufene garantieren können – geübte und erfahrene »Sakral-Techniker«.

Carl Amery

Verteidigungsringe

Auch nach der Neuordnung des Kirchenrechts im Codex Juris Canonici von 1983 bleibt es dabei, daß der geheiligte Bereich der Entscheidungen an der Kirchenspitze durch mehrere *»Verteidigungsringe«* gegen Mitsprachewünsche von der Basis her abgesichert wird:

Erster »Verteidigungsring«: die Priesterschaft. Nur *Priester* entscheiden darüber, wer Priester werden darf. Einmischung von den Laien her ist kaum möglich. Nun, hier will sich anscheinend auch niemand einmischen. Aber nur Priester entscheiden auch darüber, wer Priester bleiben darf. Da haben schon oft Gemeinden mitreden wollen, die z.B. einen verheirateten oder heiratswilligen Pfarrer sehr gern behalten hätten. In diesen Fällen pflegt sich der Wille der Hierarchie kompromißlos durchzusetzen.

Ein zweiter »Verteidigungsring« wird von den *Domherren und Bischöfen* gebildet. Nur Bischöfe und Domherren entscheiden darüber, wer Domherr wird. Der exclusive »Club« der Domherren ist also bereits doppelt gesichert und gegen den Willen des Kirchenvolkes doppelt »abgeschirmt«. In Missionsgebieten und wo die Kirche wirklich arm ist, sieht freilich manches anders aus. Aber in unserem Erfahrungsbereich macht der rote Kragen immer noch einen eigenen Stand.

Das gefährliche Spiel wiederholt sich. Nur Bischöfe entscheiden darüber, wer Bischof wird, allenfalls entscheidet das Domkapitel mit. Das große Sagen aber hat schon hier allein der Papst, wenn sich der Staat nicht massiv einmischt.

Nur aus den Bischöfen werden schließlich die *Kardinäle* genommen (vierter »Verteidigungsring«), und nur diese wählen den Papst.

Diese vierfache Verteidigung ist wohl ursprünglich nicht gegen das »Volk« errichtet worden, das in der Geschichte Europas ohnehin selten etwas zu sagen hatte. Es ging wohl bei den verschiedenen Absicherungsmaßnahmen vor allem gegen den Einfluß der weltlichen Fürsten und des Adels. Beispiele kennt jeder vom Geschichtsunterricht her: Investiturstreit, Suprematsakte. In einer demokratischen Gesellschaft aber wirkt sich die klerikale Abschottung vor allem als Schutz gegen den Einfluß der Gemeinden aus. Es verbreitet sich der Eindruck, daß nicht das brüderliche Vertrauen, sondern die Angst vor den Gemeinden in der Kirche regiere.

Winfried Blasig

Keine Problemlösung

Aus meiner Sicht genügt es eben nicht, daß Pastoren ihre theologischen Probleme mit dem traditionellen Glauben nur mit sich selber austragen. Ein Kollege sagt mir: Ich bete das Glaubensbekenntnis eben nur ganz leise mit. Ein anderer sagt mir: Ich rede über viele Dinge eben nicht. Sie kommen bei mir einfach nicht vor. Noch ein anderer sagt: Im kleinen Freundeskreis reden wir ähnliche Dinge wie Sie.

Paul Schulz

Theologen damals und heute

Vor der ganzen Versammlung warnte Jesus seine Jünger: »Nehmt euch in acht vor den Gesetzeslehrern! Sie zeigen sich gern in ihren Talaren und lassen sich auf der Straße respektvoll grüßen. Beim Gottesdienst sitzen sie in der ersten Reihe, und bei Feierlichkeiten nehmen sie die Ehrenplätze ein.
Sie sprechen lange Gebete, um einen guten Eindruck zu machen; in Wahrheit aber sind sie Betrüger, die hilflose Witwen um ihren Besitz bringen. Sie werden einmal besonders streng bestraft.«

Jesus (nach Lukas 20,45-47)

Auch »Laien« sind Priester

In meinem Kopf als kleiner Bub, als Heranwachsender, dann als Mitglied in den Jugendorganisationen der Katholischen Aktion deckte sich der Priesterbegriff stets mit dem Amtspriestertum.
Lange Zeit war es für mich keine Frage, daß das Priesteramt nur einer bestimmten Elite zugewiesen sei, gerade wie im Alten Testament die zwölf Stämme Israels den Stamm Levi für den Kult ausersehen hatten.
Die Kirche Jesu darf es laut verkünden, daß alle Getauften, Männer und Frauen, Kleine und Große, Gelehrte und Unwissende, im vollen Sinn Priester sind.
Alle, auch die Sünder! Und nicht aus Verdienst, sondern weil sie durch die Taufe mit Christus verbunden und in ihm Heilige, Propheten, Priester sind.

Ist nicht gesagt worden: Ihr seid ein Volk von Heiligen, ein Volk von Propheten, ein Volk von Priestern? (vgl. 1 Petr 2,9). Ist es wahr oder nicht wahr?

Ist es eine fromme, blumige Redensart oder eine theologische Wahrheit?

Warum dann von dieser großen Sache nur zu jenen sprechen, die dazu bestimmt sind, vom Bischof zu Amtspriestern geweiht zu werden? Bilden diese nicht immer noch so etwas wie eine Kirche in der Kirche? Und bis vor kurzem war die Trennmauer ja noch unüberwindlich.

So ist es gekommen, daß die Laien nicht mehr aufgefordert waren, ihrer hohen Würde zu entsprechen, nicht genügend mit dem Wort Gottes genährt wurden, das sie zur Heiligkeit und Prophetie berufen hat. Nach und nach waren sie zu einer trägen, anonymen Masse geworden, die nicht mehr fähig war, eine nennenswerte Verantwortung in der Kirche zu übernehmen.

Ihr müßt nur einer Tagung über Berufungen beiwohnen, dann merkt ihr, auf was man den Nachdruck legt. Man könnte meinen, immer noch zähle in der Kirche nur der Klerus, der Rest ist ein Panorama von Köpfen, auf das man kluge Weisungen ausgießt.

Carlo Carretto

Nicht kaputtzukriegen

Napoleon: Begreifen Sie, daß ich imstande bin, Ihre Kirche zu zerstören!
Kardinal Consalvi: Sire, nicht einmal wir Priester haben das in achtzehn Jahrhunderten zustande gebracht.

N.N.

Zeichnung: Mosquit

Kapitel 7: Dogmatik – Wozu sind wir auf Erden?

»Wozu sind wir auf Erden?«, das war noch vor gar nicht allzu langer Zeit die erste Frage des katholischen Katechismus. Seinem Wesen eigen, hatte er natürlich die Antwort parat: »Wir sind dazu auf Erden, daß wir den Willen Gottes tun und dadurch in den Himmel kommen.« Martin Luther beginnt seinen Kleinen Katechismus mit dem ersten der Zehn Gebote, welches Gottes Eifersucht auf Konkurrenten bekundet. Er kommentiert: »Was ist das? Wir sollen Gott über alle Dinge fürchten, lieben und vertrauen.« Oh, jedes Wort wäre einer eigenen Betrachtung wert – und bedürftig. So elementare Fragen, wie die nach Gott und dem Sinn des Lebens werden in beiden Fällen mit Forderungen beantwortet: du sollst!
In den theologischen Seminaren wird für Anfänger Dogmatik übersetzt mit: »Was sollen wir glauben?« Da wird nicht überlegt, was wir eigentlich wirklich glauben, kaum formuliert, was wir glauben dürfen.
Gerechterweise muß man der Dogmatik ein edles Motiv attestieren: Sie versucht das biblische Zeugnis mit all den anderen Gedanken und Erfahrungen der glaubenden Menschen in ein System zu bringen. Viel Gehirnschmalz wurde auf die Lösung des Problems verwandt, in welchem Verhältnis denn Gott Vater im Himmel, Jesus Christus auf Erden und der Heilige Geist in den Herzen zueinander stünden. Doch: So ganz unheilig sind manche Glaubensartikel per Mehrheitsbeschluß der Konzilien festgelegt, teilweise mit unlauteren Methoden herbeigeführt worden. Nun wird in unseren Zeiten keine Seele mehr von der

Frage umgetrieben, ob denn der Heilige Geist nur vom Vater oder vom Vater *und* vom Sohn ausgehe; dieser Filioque-Streit mußte zumindest offiziell als Begründung für die Abspaltung der Ostkirche von Rom im Jahre 1054 herhalten.

Dennoch machen gerade die formulierten Glaubenssätze heute vielen Menschen Bauchschmerzen. Mit beißendem Spott überschüttet *Johann Most* die christliche Dreifaltigkeitslehre, insbesondere den Glauben an die Erlösung der Menschheit durch das blutige Kreuzesopfer Jesu. Diesem Aspekt widmen sich die zynischen, aber bedenkenswerten Anfragen vom *Franz Amilié, Robert Halbach und Bernd Kramer*. Die ins Glaubensgut integrierte Sinnhaftigkeit des Leidens (des Christus als auch des einzelnen Christen) kritisiert *Dorothee Sölle* als Masochismus.

Gott hat den Menschen erschaffen, bekennt der Glaube. Und dieser Mensch verfügt über Intellekt, über einen menschlichen Verstand, der *Paul Thiry d'Holbach* eine Reihe logischer Überlegungen anstellen läßt. *Hans Albert* kann sich mit seiner Frage anschließen, in welcher Hinsicht nämlich Glaube das menschliche Leben sinnvoll mache, wenn Gott nicht ins Weltgeschehen eingreife. Ob Gott nun Seligkeit verheiße oder mit Verdammnis drohe, der Mensch folge doch nur seinem natürlichen Glücksstreben. Nicht nur dem natürlichen, betont *Thomas Ebersberg*; der Christ strebe gar einen transzendentalen Hedonismus an, d.h. er ziele über profanes Glück hinaus auf die ewige Glückseligkeit. »Alles Glück will Ewigkeit«, Nietzsche läßt grüßen.

Provinz kann auch in der Metropole sein; auf ungezählten Kanzeln wird heute noch ein Dogmatismus gelehrt, der auf den Index gehört. Trotzdem ist vieles im Fluß; Namen wie *Boff* und *Drewermann* stehen für einen frischen Wind im muffigen Glaubensschatz. Doch die Gegenrichtung zur modernen Erschließung tiefer Wahrheiten des Glaubens hat sich längst formiert. Die Reaktion auf die Kompliziertheit und Unüber-

sichtlichkeit der neuzeitlichen, aufgeklärten Welt sucht das Heil in der Unveränderlichkeit ewiger Dogmen. Der bekannte Fachterminus dafür: Fundamentalismus. *Thomas Meyer* erklärt ihn bündig.
Die Fundamentalisten berufen sich so gerne auf heilige Schriften, freilich in ihrer einzig erlaubten Interpretation. Nicht einmal den religiösen Rigorismus, sondern den normalen Umgang mit der Bibel hat *Mosquito* mit der Karikatur im Sinn: Bedrucktes Papier oder fromme Worte sind keine Hilfe für elementare Probleme. Und *Max Bense* treibt die Kritik auf die Spitze, wenn er mit seinem Gedanken – der sich erst auf den zweiten Blick erschließt – nicht nur die Dogmatik, sondern die ganze Theologie vom Tisch fegt.
Ob Gott die dogmatischen Experimente der Menschen als Lästerung empfindet? Wir wissen es nicht. Die Mystiker zumindest – keine gern gesehenen Gäste im dogmatischen Institut – weisen einen Weg aus der Misere: Nicht um Antworten unlösbarer Fragen ringen! Auch für den Glauben gilt: weniger ist mehr. *Nikos Kazantzakis* erzählt, wie er Gottes Namen kennengelernt hat. Dieses Erlebnis hätte ihm die Lektüre weltberühmter Bibliotheken nicht vermitteln können. Und *Christoph Blumhardt*, der begnadete Prediger und Seelsorger, macht es praktisch. Er sagt nichts gegen etwas, er sagt es positiv: »Machen wir einen Menschen froh, so ist das viel wichtiger, als wenn wir viele bekehren!« Dem ist nichts hinzuzufügen.

Das hält ja kein Pferd aus

Und nun, armes Menschenhirn, halte Stand, denn was jetzt folgt, könnte ein Pferd umbringen! Wir wissen, daß Gott Vater beschlossen hatte, das Menschenpack zu frikassiren. Das that dem Gott Sohn ungemein leid. Er (bekanntlich gleichzeitig Gott Vater) nahm die ganze Schuld der Menschen auf sich und liess sich, um seinen Vater (bekanntlich gleichzeitig Gott Sohn) in seiner Raserei zu beschwichtigen, von jenem zu erlösenden Gesindel zu Tode schinden – natürlich nicht ohne nachträglich wieder frisch und froh in den Himmel zu fahren. Diese Aufopferung des Sohnes (der Eins ist mit dem Vater) machte dem Vater (der Eins ist mit dem Sohn) einen solchen Höllenspass, dass er sofort eine allgemeine Amnestie erliess, welche zum Theil noch heute in Kraft ist.

Johann Most

Freigegeben ab 18 Jahren

Wie ist es nur möglich, daß über die Zeiten hinweg einer Leiche derartige Huldigungen entgegengebracht wurden und werden? Wie ist es zu erklären, daß diese nekrophile, sadomasochistische Zurschaustellung nie zum Bildersturm reizte? Wann schritt je ein Beamter des Jugendamtes gegen die Darstellung eines fast entblößten und gefolterten männlichen Körpers ein? Ist die fortwährende Zurschaustellung einer Leiche denn nicht nur jugendgefährdend, sondern auch eine lebensverachtende Huldigung des Todes? Ohne Sanktionen wird uns immer wieder das Grauen vorgehalten – der Gekreuzigte als Kulturgut. (...)

Welche Deformationen die seit Jahrhunderten andauernde Glorifizierung der Folter in den Seelen der Menschen bewirkt hat, ist nicht auszumachen.

Franz Amilié, Robert Halbach, Bernd Kramer

Masochismus deformiert

Es ist nicht schwer, den christlichen Masochismus zu kritisieren. Die geringe Achtung der menschlichen Stärke, die Verehrung dessen, der nicht gut oder sinnvoll, sondern nur übermächtig ist, die ausschließliche Betrachtung des Leidens unter der Frage des Ertragens; die daraus folgende Desensibilisierung für das Leiden anderer – das alles sind Züge, die unsere Kritik herausfordern. Gleichwohl ist dieser Masochismus der Frommen noch nicht das Schlimmste, weil er als eine existentielle Haltung gerade in Zeiten, da die Möglichkeiten, Leiden zu verringern, noch wenig entwickelt waren, eine Art Hilfe für Menschen darstellt. Die libidinösen Züge dieser Haltung sind zwar pervertiert, aber noch nicht zerstört.
Dies wird anders, sobald in einer Art Überkonsequenz des masochistischen Ansatzes die Theologen das Pendant eines sadistischen Gottes entwerfen. Die libidinösen und flexiblen Züge der leidenden Frommen werden nun sadistisch fixiert von den Theologien, die Gottes Zorn zu ihrem wesentlichen Motiv machen. Der leidenmachende und leidverursachende Gott wird zum verklärten Thema einer Theologie, die, zur eigenen Hingabe unfähig, den Blick richtet auf den das Unmögliche fordernden und den quälenden Gott.

Dorothee Sölle

Fragen über Fragen

Welcher Mensch, der gut ist, würde nicht seine Mitmenschen glücklich machen wollen? Warum macht Gott die Menschen nicht glücklich? Kein Mensch hat Grund, mit seinem Schicksal zufrieden zu sein. Was erwidert man auf all das? Die Ratschlüsse Gottes sind unerforschlich. Aber wenn das so ist, wie kann man dann Aussagen darüber machen? Auf welcher Grundlage kann man Gott eine Tugend zuschreiben, die sich nicht erforschen läßt? Welche Vorstellung kann man sich von einer Gerechtigkeit machen, die der Gerechtigkeit des Menschen in nichts gleicht?

Gottes Gerechtigkeit, so heißt es, wird durch seine Milde, seine Barmherzigkeit und seine Güte aufgewogen. Aber durch seine Milde würde seine Gerechtigkeit außer Kraft gesetzt; und wie ist das auch nur in *einem* Falle möglich, wenn er unwandelbar ist?

Gott hat die Welt, so heißt es, zu seinem eigenen Ruhm erschaffen. Aber kann er, der allem überlegen ist, noch etwas für seinen Ruhm tun? Die Begierde nach Ruhm ist nichts anderes als der Wunsch, sich über Seinesgleichen zu erheben. Wenn Gott aber diese Begierde besitzt, warum läßt er es dann zu, daß man ihn beleidigt? Um uns zu bestrafen, weil wir seine Gnade mißbraucht haben. Aber warum läßt er es zu, daß seine Gnade mißbraucht wird? Oder warum ist seine Gnade nicht groß genug, um mich seinen Absichten gemäß handeln zu lassen? Weil er mich als freies Wesen erschaffen hat. Aber warum hat er mir eine Freiheit verliehen, von der er wissen muß, daß ich sie mißbrauchen würde?

Paul Thiry d'Holbach

Stiftet Glaube Sinn?

Aber es ist an der Zeit, auch einmal die Gegenfrage zu stellen, *in welchem Sinne* eigentlich der *Gottesglaube* das *menschliche Leben sinnvoll* macht. Zunächst ist da zu bemerken, daß der Glaube an einen Gott nicht unbedingt mit einem Glauben an ein Jenseits, ein ewiges Leben oder gar eine ewige Seligkeit verbunden sein muß. Auch historisch ist eine solche Verbindung keineswegs die Regel gewesen. Wenn man eine Vorstellung von Gott hat, derzufolge dieser Gott in das Weltgeschehen eingreift und unter gewissen Bedingungen Belohnungen und Bestrafungen austeilt, dann ist es vielleicht in einem gewissen Sinn durchaus sinnvoll für die Menschen, seinem Willen Rechnung zu tragen. Aber es ist schwer zu sagen, inwiefern dadurch dieses Leben an sich sinnvoller würde. Gibt es aber einen Gott, der darüber hinaus – oder auch nur – transzendente Belohnungen und Bestrafungen für menschliche Handlungen in Aussicht stellt – also zum Beispiel ewige Seligkeit, ewige Verdammnis oder auch zeitweiliges Verharren im Fegefeuer –, dann sieht die Sache in dieser Hinsicht grundsätzlich nicht viel anders aus. Gewiß wird der Gläubige dann geneigt sein, auch solche Sanktionen in Rechnung zu stellen, wenn er seinem natürlichen Glücksstreben folgt, aber auch dieser Umstand macht das irdische Leben an sich kaum sinnvoller, als es ohne diese Komplikationen gewesen wäre.

Hans Albert

Glück genießen, aber ewig!

Jesus und das Christentum stehen trotz der Predigt des Kreuzes für einen *transzendentalen Hedonismus*, subsumiert unter dem Begriff der »ewigen Glückseligkeit«. Der Hedonist stellt die Lust, oder was das gleiche ist: das Glück, ins Zentrum seiner Existenz. Hinter der einseitigen Fixierung auf Glück und Paradies verbergen sich kindliche Einfalt und die neurotische Unersättlichkeit des Zu-kurz-Gekommenen. Nicht umsonst schaukeln sich im Christentum Frustration durch Selbstverzicht im Diesseits und maßlose Erfüllungsträume für das Jenseits gegenseitig auf fatal-geniale Weise hoch.

Thomas Ebersberg

Fundamentalismus contra Diskussion

Der Fundamentalismus setzt an die Stelle des Zweifels und der generellen Ungewißheit ein absolutes Wissen, das allem vernünftigen Zweifel enthoben wird. An die Stelle des prinzipiell unabschließbaren und für alle Argumente offenen Diskurses, der die Wissensform der Moderne ist, tritt ein zum festen Fundament allen weiteren Fragens, Wissens und Handelns dogmatisiertes absolutes Wissen, das der wissenschaftlichen Prüfung und der relativierenden öffentlichen Debatte entzogen wird.
Als absolutes Fundament der selbsterzeugten Erkenntnisgewißheit kann beinahe jedes Wissen dienen. Nicht sein Inhalt und auch nicht seine Herkunft qualifiziert es als Fundament absoluter Gewißheit, sondern die Art, in der sein Geltungsanspruch gegen Zweifel und Vorbehalte immunisiert wird. In den fun-

damentalistischen Aggregatszustand geht ein Wissen erst über durch die kulturelle Funktion der Immunisierung und, wo der Fundamentalismus an die Macht gelangt, durch die institutionelle Erzwingung seines privilegierten Wahrheitsanspruchs. Religiöser Fundamentalismus entzieht zu diesem Zweck einen Heiligen Text oder festgelegte Überlieferungen der profanen Erörterung. Das immunisierte Erkenntnisfundament übersteige kraft göttlichen Ursprungs jede bloß menschliche Vernunft. Der Zweifel und das prüfende Argument, und treten sie noch so stolz mit der Beglaubigung demonstrierbarer Erfahrung und wissenschaftlicher Methodik auf, seien daher in Wahrheit stets nur getarnter Frevel. Indem der religiöse Fundamentalismus sein Erkenntnisfundament dem Diskurs seiner Skeptiker entzieht, verschließt er sich auch dem suchenden Diskurs seiner Gläubigen. Am Ende entscheidet stets nur noch Macht über Wahrheit.

Thomas Meyer

Ist X pektabel?

Es läßt sich zeigen, daß Aussagen über Gott von der Art »Gott ist höchstes Wesen« oder »Gott ist transzendent« nicht das geringste mehr aussagen als etwa »X ist pektabel«. In einer solchen Aussage wird von einem unbestimmten Etwas (X) ein unbestimmtes Prädikat (ist pektabel) ausgesagt. Diese sprachliche Formulierung ist ein Scheinsatz.

Max Bense

Ach!

Wir hielten vor einem kleinen türkischen Kloster, in dem Derwische lebten, die jeden Freitag tanzten. Das grüne Bogentor zeigte auf dem Türbalken eine bronzene Hand – das heilige Zeichen Mohammeds. Wir traten in den Hof. Aus einer Zelle kam ein Derwisch auf uns zu; er legte grüßend die Hand auf Brust, Lippen, Stirn. Wir setzten uns.

Der Derwisch sprach von den Blumen, die wir rundum sahen, und vom Meer, das zwischen den spitzen Blättern des Lorbeerbaumes blitzte.

Später begann er, über den Tanz zu sprechen.

»Wenn ich nicht tanzen kann, kann ich nicht beten. Ich spreche durch den Tanz zu Gott.«

»Was für einen Namen gebt Ihr Gott, Ehrwürden?«

»Er hat keinen Namen«, antwortete der Derwisch. »Gott kann man nicht in einen Namen pressen. Der Name ist ein Gefängnis, Gott ist frei.«

»Wenn Ihr ihn aber rufen wollt? Wenn es notwendig ist, wie ruft Ihr ihn?«

»Ach«, antwortete er. »Nicht: Allah.

Ach! werde ich ihn rufen.«

Ich erbebte.

»Er hat recht«, murmelte ich.

Nikos Kazantzakis

Wichtiger als bekehren

Wer nicht freudig ist, ist nicht gescheit. Aber es ist so viel Jammer und Elend unter den Menschen; das legt sich manchmal wie ein Druck auf einen. Es kommt plötzlich eine Schwermut; man kann die Tränen kaum zurückhalten und weiß nicht, woher.
Kommt das bei mir, dann schließe ich mich ein, damit niemand es sieht. Wir sollen dann um die Freudigkeit bitten ebenso wie um den Heiligen Geist. Denn wir brauchen Freudigkeit für uns und für andere und dürfen der Schwermut nicht nachgeben! Machen wir einen Menschen froh, so ist das viel wichtiger, als wenn wir viele bekehren. Froh machen: das ist Gott die Ehre geben; das ist Friede auf Erden und den Menschen ein Wohlgefallen bringen. Und bringt nur erst wieder Gerechtigkeit in die Freude! Bringt Wahrheit in die Freude! Dann kommt es zur wahren menschlichen Kultur, und das ist Christus in dem, was er bringen wollte.

Christoph Blumhardt

... jaja, gewiß! ... »ich war fremd, und ihr habt mich aufgenommen.« ... Jch kenn' die Stelle ... Aber - seh'n Sie - der Text ist doch fast 2000 Jahre alt ... äh ... mehr bildlich gemeint ... das muß man aus der Zeit heraus verstehen ...
PFARR-HEIM
CHRISTUSKIRCHEN GEMEINDE

Kapitel 8: Ethik – Gutes unterlassen und Böses getan

Ich erinnere mich an eine alte Dame in meiner Heimatgemeinde, die ziemlich schwerhörig war und deshalb recht laut sprach. Allsamstäglich suchte sie den Beichtstuhl in der Kirche auf. Was sie beichtete, ging natürlich nur den Priester etwas an, doch da sie ihm die Sünden fast zurief, konnte jeder, der sich gerade in der Kirche aufhielt, alles verstehen. Nun war dieser ungewöhnliche Vorgang nicht ganz so dramatisch, weil ihr Sündenkatalog stets kurz und wenig aufregend war. Eines fehlte nie: »Ich habe genascht!« Oh heilige Einfalt! Es bleibt uns verborgen, was jene alte Frau (die längst gestorben und daher klüger ist als wir) dem Priester verschwieg und gleich mit dem lieben Gott abmachte. Ihr Reuebekenntnis war aber so privatistisch verengt, daß wir es leider als idealtypisch ansehen müssen.

Die Ethik (Katholiken bevorzugen den Ausdruck *Moral)* versucht dem Christen darzulegen, was er Gutes tun und Böses lassen soll. Dafür muß sie das schwierige Unterfangen wagen, gut und böse zu definieren. Das geschah in der Kirchengeschichte im jeweils gesellschaftlichen und geistesgeschichtlichen Kontext. So kann es sein, daß manches, was früher als verwerflich galt, heute erlaubt, wenn nicht geboten ist – und umgekehrt. Allen Zeiten ist eine überproportionale Beschäftigung mit der Individualethik eigen, einhergehend mit der Vernachlässigung der Sozialethik. Erstere kümmert sich um

den einzelnen Menschen (zwischen Eid und Ehe), letztere um den Menschen als soziales Wesen (von Staat bis Krieg). Längst gibt es natürlich Wagenladungen voll neuerer, besserer Ansätze, denn mit den alten Standpunkten bekommt man so vielschichtige Probleme wie etwa die Abtreibung gar nicht in den Griff. Hinfällig mag das Getue um die moralische Schulrichtung sein, wenn die Christen sich ohnehin nicht an die hehren und edlen Absichtserklärungen halten. Der *Club of Rome* zumindest stellt trocken fest, daß moralische Werte schändlich ignoriert würden. Ehrlich, wirkt nicht *Gerd Mesters* Cartoon wegen seiner Direktheit platt? Aber stößt er nicht gerade mit dieser Plattheit unsere Nase auf die selektive Benutzung der Bibel? Steinbruchmäßig suchen wir gefällige Stücke heraus und lassen den unbequemen Rest liegen.
Zur Individual- kontra Sozialethik behauptet *Bertrand Russell*, daß den Christen ein Ehebrecher verworfener erscheine als ein korrupter Politiker. Dazu paßt *Günter Anders'* Anmerkung, unsere »Fähigkeit«, Ehebruch zu begehen, sei nicht erwähnenswert im Gegensatz zu unseren Möglichkeiten, die gesamte Menschheit zu vernichten.
Unerträglich wirkt der Hochmut der moralisch Einwandfreien. Gegen die heuchlerische Selbstgerechtigkeit protestiert *Gerd Theißen*. *Alfons Kraus* hat da seine Erfahrungen als verheirateter Priester gemacht. Fürchterlicherweise auch noch im guten Glauben, Gott damit einen Gefallen zu tun, machte man ihm und seiner Frau das Leben schwer. Das klingt noch harmlos, bedenkt man die strukturelle Aussonderung der Nicht-Heiligen von den geheiligten Christen. Vor Gott sind demnach doch nicht alle gleich, summiert *Johannes Neumann*. George Orwell könnte auch paraphrasiert werden: Vor Gott sind zwar alle gleich, doch manche sind gleicher als andere... Wieder ist es *Bertrand Russell*, der massiv Anklage erhebt: Die christlichen Kirchen rühmen sich ihres moralischen Standards – und sind doch in fast alle moralischen Bankrotterklärungen unserer

Geschichte involviert. Humanität muß gegen ihren Widerstand erkämpft werden.
Vielleicht muß man die Sache mit der Ethik auf den schlichten Nenner bringen: Theorie hui, Praxis pfui. Die von Christen begangene Schuld braucht hier nicht abermals memoriert zu werden. Einfache Rezepte taugen bei komplexen Sachverhalten nichts. Man braucht nicht soweit zu gehen, daß man resigniert feststellt, die guten Menschen wären gut, ob mit oder ohne christliche Ethik, und die schlechten würden durch sie auch kaum besser. Überraschenderweise hegen neuerdings sogar nichtreligiöse Denker die Hoffnung, eine Renaissance der Kirche könne Lösungsstrategien für die im Werteverlust untergehende Gesellschaft anbieten. Das zeugt von Unkenntnis religiöser Realitäten und überschätzt ihre Möglichkeiten.
Dennoch fällt dem systematischen Nachdenken über das Tun und Lassen der Menschen eine wichtige Rolle zu, vor allem, wenn der Mensch aus der Perspektive verschwindet und der Profit in den Mittelpunkt rückt. Nicht das Einzige, nicht das Bedeutendste, nicht das Letzte, was über christliche Ethik geschrieben wurde, wird hier von *Ralph Waldo Emerson* zitiert. Doch seine »Weisheit der Liebe« führt uns zurück an ihre Grundlagen.

Welt-fremd

Verwirrung in bezug auf Werte entsteht in einigen Ländern ferner durch die Krise der großen Religionen. Für sie ist es sehr schwer, sich an die im Wandel begriffene Welt anzupassen, ohne dabei der Inhalte ihrer Botschaft verlustig zu gehen, und sie haben Mühe, auf die ernsten Fragen ratloser Menschen in ihren Glaubensgemeinschaften zu antworten. Moralische Werte werden ebenfalls untergraben, weil sie von denen, die sie propagieren, und ebenso Gesellschaften, die angeblich auf ihnen beruhen, schändlich ignoriert werden.

Club of Rome

Gut sein und Gutes tun

Der Nachdruck, den die Christen auf die Seele des einzelnen legen, übt einen großen Einfluß auf die Ethik christlicher Gemeinden aus. Im wesentlichen ist deren Lehre der stoischen Lehre verwandt und entstand wie diese in Gemeinden, die keine politischen Hoffnungen mehr hegen konnten. Ein tatkräftiger Mensch von anständigem Charakter hat den natürlichen Trieb, Gutes zu tun, aber wenn er aller politischen Macht und jeder Gelegenheit, die Ereignisse zu beeinflussen, beraubt ist, wird er von seinem normalen Kurs abgebracht, und er wird zu dem Schluß kommen, es sei das Wichtigste, gut zu sein. Das war bei den frühen Christen der Fall. Es führte zu der Auffassung, daß die persönliche Heiligkeit ganz unabhängig von guten Taten sei, da sie für Menschen erreichbar sein sollte, die keine Möglichkeit hatten, in der Gesellschaft zu handeln. Daher kam es, daß soziale Tugenden von der christlichen Ethik ausgeschlossen wurden. Bis zum heutigen Tag halten die konventionellen Christen einen Ehebrecher für verworfener als einen bestechlichen Politiker, obwohl der letztere wahrscheinlich tausendmal mehr Schaden anrichtet. Das Mittelalter faßte die Tugend als etwas Verwaschenes, Schwaches und Sentimentales auf, wie man aus zeitgenössischen Bildern entnehmen kann. Der tugendhafteste Mann war der, der sich aus der Welt zurückzog. Die einzigen Männer der Tat, die für heilig galten, waren jene, die wie der heilige Ludwig Leben und Gut ihrer Untertanen gegen die Türken verschwendeten. Die Kirche würde niemals einen Menschen als heilig gelten lassen, weil er die Finanzen, das Strafgesetz oder das Rechtswesen reformiert hat. Da dies nur Beiträge zum menschlichen Wohlergehen sind, würden sie als unwichtig abgetan werden. Ich glaube, im ganzen Kalender gibt es keinen einzigen Heiligen, der für eine Arbeit von öffentlichem Nutzen heiliggesprochen wurde.

Bertrand Russell

Fähig zum Weltmord

Was ist schon unsere »Fähigkeit«, zu stehlen oder die Ehe zu brechen oder Gott zu lästern oder zu morden neben unserer »Fähigkeit«, einen Genozid, nein, schlimmer als das – dieser Ausdruck muß eingeführt werden – einen *»Globozid«* zu begehen? Oder was ist schon unsere Unfähigkeit, jene Versuchungen abzuwehren, neben unserer Unfähigkeit, dieser Versuchung, nein richtiger: diesem Zwang (denn die Versuchung spielt wahrscheinlich nur ganz selten eine Rolle) Widerstand zu leisten?

Günther Anders

Moralische Heuchelei

Wenn deutlich wird, daß jeder angesichts der verschärften Normen schuldig werden muß, muß alle moralische Selbstgerechtigkeit als Heuchelei erscheinen. Wenn Ehebruch schon mit dem erotischen Angesprochensein durch eine andere Frau beginnt, wer hätte dann noch das Recht, bei manifestem Ehebruch den ersten Stein zu werfen? Wenn Zorn und Totschlag auf einer Ebene liegen, wer könnte sich weigern, im Verbrechen die eigenen Impulse wiederzufinden? Muß nicht auch der Feind als Bruder erscheinen? Kann man noch säuberlich zwischen Guten und Bösen trennen, wo doch Gott über beide seine Sonne aufgehen läßt (Mt 5,45)? Wird der Sinn ethischer Normen nicht verfehlt, wo diese als Mittel moralischer Aggression benutzt werden? In der Jesusbewegung dämmert die ungeheure Erkenntnis, daß Mitmenschlichkeit mehr ist als Moral.

Gerd Theißen

Christliche Nächstenliebe?

Ich darf dem Leser kurz erklären, warum ich für mein Buch den Titel wählte: »Für einen gefallenen Engel beten sie nicht«. Nachdem ich nach katholisch-kirchlichem Jargon das deutlichste Zeichen der Untreue und des Versagens setzte, als Priester zu heiraten, waren meine Frau und ich Freiwild für viele, die glaubten, Gott und der Kirche durch vernehmbare Entrüstung einen Gefallen erweisen zu müssen. Viele haben uns über Jahre beschimpft und gelästert und uns viel Leid zugefügt. Wer aber betete für uns um Kraft, nicht um unsere Bekehrung?

Alfons Kraus

Vor Gott sind alle ungleich

Die Realität der Machtverteilung und ihrer Stufen in einer Gesellschaft wird nicht zuletzt durch religiöse Sanktionen stabilisiert. Umgekehrt erlauben religiöse Vorstellungen auch Utopien von einer klassenlosen Gesellschaft der Heiligen. Je mehr allerdings dabei die Bedeutung der »Heiligen« betont wird, um so größer wird die Distanz, die Ungleichheit gegenüber den »Nicht-Heiligen« und der »sündigen Welt«. Dann kann es sein, daß eine solch erhoffte neue Gesellschaft partiell in bestimmten egalisierenden Riten vorweggenommen wird, mag dies nun geschehen in rauschenden Saturnalien, in strengen Opfern beispielsweise des jüdischen Tempelkultes, den orgiastischen Mysterien oder den vom geheimnisvollen Arkanum umgebenen Mahlfeiern der Christen. In jedem Fall jedoch grenzen diese Riten die »Erwählten«, die »Heiligen« von den »Verworfenen«, den »Un-Heiligen« ab.
Die Überzeugung von der Überlegenheit der eigenen Gottheit über andere Götter trägt somit notwendig die Disposition zu radikaler Ungleichheit in sich.

Johannes Neumann

Im Namen des Glaubens

Das ist der Grundgedanke: daß wir alle schlecht wären, hielten wir uns nicht an die christliche Religion. Mir scheint es, daß der größte Teil der Menschen, die sich daran gehalten haben, außerordentlich schlecht waren. Es ergibt sich die seltsame Tatsache, daß die Grausamkeit um so größer und die allgemeine Lage um so schlimmer waren, je stärker die Religion einer Zeit und je fester der dogmatische Glaube war. In den sogenannten Epochen des Glaubens, als die Menschen an die christliche Religion in ihrer vollen Ganzheit wirklich glaubten, gab es die Inquisition mit ihren Foltern, wurden Millionen unglückseliger Frauen als Hexen verbrannt und im Namen der Religion an unzähligen Menschen alle erdenklichen Grausamkeiten verübt.

Wenn man sich auf der Welt umsieht, so muß man feststellen, daß jedes bißchen Fortschritt im humanen Empfinden, jede Verbesserung der Strafgesetze, jede Maßnahme zur Verminderung der Kriege, jeder Schritt zur besseren Behandlung der farbigen Rassen oder jede Milderung der Sklaverei und jeder moralische Fortschritt auf der Erde durchweg von den organisierten Kirchen der Welt bekämpft wurde. Ich sage mit vollster Überlegung, daß die in ihren Kirchen organisierte christliche Religion der Hauptfeind des moralischen Fortschritts in der Welt war und ist.

Bertrand Russell

Weisheit der Liebe

Man sagt, die Liebe sei blind, aber Freundlichkeit des Herzens ist für die rechte Wahrnehmung unentbehrlich. Ich sage: Liebe macht nicht blind, sondern sehend. Wenn du einen Sektierer oder einen feindseligen Fanatiker triffst, dann schaue niemals auf das Trennende, sondern auf das Gemeinsame, das noch bleibt, und bestünde es nur darin, daß für euch beide die Sonne scheint und der Regen fällt. Rasch läßt sich mehr Gemeinsames finden, und ehe du dich's versiehst, haben die trennenden Gebirgszüge eurer Grenzen, die du zuerst gesehen hast, sich in Luft aufgelöst... Setze dich also gegenüber deinen Zeitgenossen nicht ins Unrecht, indem du einer Regung von Feindseligkeit oder Bitterkeit nachgibst. Mögen deine Anschauungen auch hart auf die der anderen prallen, nimm dennoch an, daß ihr auf die gleiche Weise fühlt und daß du genau das aussprichst, was alle denken. Wenn ein Strom von Geist und Liebe von dir ausgeht, dann führe auch deine Widersprüche ins Treffen. Laß sie in einer festen, von keinem Zweifel erschütterten Kolonne aufmarschieren! So wirst du dir zumindest Luft machen und das loswerden, was dir auf dem Herzen liegt. Die natürlichen Regungen der Seele sind um so vieles besser als die vom Willen gesteuerten, daß du in einem Streitgespräch dir selbst nie gerecht werden wirst. Denn dann faßt du deinen Gedanken nicht richtig. Er wird nicht im wahren Verhältnis und in seiner ganzen Tragweite sichtbar; er legt nur gezwungen, heiser und mit halber Stimme Zeugnis für dich ab. Setze aber Zustimmung voraus, und sie wird dir sofort zuteil werden, weil unter ihrer äußerlichen Verschiedenheit die Menschen in Wirklichkeit *eines* Herzens und *eines* Sinnes sind.

Weisheit wird niemals zulassen, daß wir mit einem einzelnen Menschen oder mit der Menschheit auf unfreundlichem Fuße stehen. Wir verweigern uns manchen Leuten, als warteten wir darauf, daß uns einmal mehr Sympathie und Vertrautheit begegnen würden. Doch wie soll das geschehen? Der morgige Tag wird so sein wie der heutige, und das Leben entschwindet, während wir uns darauf vorbereiten zu leben. Unsere Freunde und Mitarbeiter sterben weg, und neue Menschen treten kaum noch in unseren Gesichtskreis. Wir sind zu alt, um auf die Mode Rücksicht zu nehmen, zu alt, um von Größeren und Mächtigeren Förderung zu erwarten. So laßt uns die Liebe und den vertrauten Umgang genießen, die in unserer Nähe sind. Die Füße fühlen sich in alten Schuhen am wohlsten. Gewiß können wir an den Menschen, mit denen wir verkehren, leicht Fehler feststellen, oder wir kennen Namen von stolzerem Klang, die unsere Phantasie mehr reizen. Jeder träumt von besonderen Freunden, und das Leben scheint uns mehr wert mit solchen Gefährten. Aber entweder man bekommt sie im gegenseitigen Einvernehmen, oder man bekommt sie gar nicht. Wenn nicht Gott, sondern unser Ehrgeiz die neue Beziehung gestaltet, dann geht das Gute in ihr verloren, so wie Walderdbeeren ihr Aroma verlieren, wenn man sie in Beete pflanzt.

Wahrheit, Aufrichtigkeit, Mut, Liebe, Demut und alle anderen Tugenden gehören also zur Lebensklugheit, das heißt, zur Kunst, sich in der Gegenwart wohl einzurichten. Ich weiß nicht, ob die Materie sich letztlich auf ein Element, wie Sauerstoff oder Wasserstoff, zurückführen läßt, aber die Welt des menschlichen Handelns ist aus einem Stoff gemacht, und wir können beginnen, wo wir wollen, so landen wir doch sehr bald wieder bei unseren Zehn Geboten.

Ralph Waldo Emerson

Vatikanisches Hoheitsgebiet

Kapitel 9: Sexualität – Allein oder mit anderen?

Worüber man nicht sprechen kann, darüber solle man schweigen, rät der weise Aphorismus des Philosophen Ludwig Wittgenstein. Bei den Christen hat sich hingegen bei manchen unaussprechbaren Themen eine andere Methode bewährt: man witzelt darüber. So verwundert es nicht, daß in der mittlerweile auflagenschweren Literatur »Der klerikale Witz« die Themen unterhalb der Gürtellinie bevorzugt behandelt werden. Da reicht die Palette von der handfesten Zote bis zum Anekdötchen, welches selbst Monsignori ohne Erröten bei einer Gesellschaft zum besten geben können.

Sicher, die Zeiten sind vorbei, in denen das Aussprechen des Wortes »Sexualität«, möglicherweise unter Auslassung der Endung »-ualität«, gleich restriktiv geahndet wurde. Die sexuelle Revolution ist auch an den Kirchen nicht spurlos vorübergegangen: Selbst das katholische Kirchenrecht, 1983 revidiert, hält nun den ehelichen Beischlaf nicht mehr für ethisch verwerflich, wenn er nicht zum Zwecke der Zeugung von Kindern, sondern aus purer Lust der Liebenden (in katholischer Lesart: der Gatten) vollzogen wird. Waren die zuständigen römischen Redakteure bei Abfassung dieser Neuerung von frühlingsleichter Maienluft trunken, oder hatte der Himmel höchstpersönlich ein Einsehen?

Spott drängt sich auf, dabei ist die Problematik eigentlich zu ernst dafür. Wenn die Thesen Sigmund Freuds heute auch umstritten sind, so ist ihm doch als Verdienst anzurechnen, daß er die Augen für die herausragende Bedeutung der Sexualität des Menschen geöffnet hat. Nun sind aber auch Christen Menschen, sprich: sexuelle Wesen. Presbyteriumsvorsitzende und Paramentennäherinnen sind den gleichen Trieben unterworfen, mit den gleichen Schwierigkeiten konfrontiert, wie atheistische Zeitgenossen auch...

Wo aber wurde das Thema im Bereich des Glaubens berührt? Neben relativ weltfremden Anweisungen für den Umgang mit dem anderen Geschlecht, tauchte Geschlechtlichkeit z.B. in den Beichtspiegeln auf: Habe ich Unsittliches gedacht, gesehen, gelesen, getan, tun lassen – allein oder mit anderen? Zumindest verrät die detaillierte Auflistung möglicher Sünden eine lebhafte Phantasie der Beichtspiegelautoren, wenn nicht gar eigene Erfahrung. Aber: Wer über die Sexualität von Menschen verfügen will, will Macht über sie ausüben.

Horst Fuhrmann belichtet kurz, wie die kirchliche Welt- und Lebensverneinung im Mittelalter mit totalem Abscheu vor jeglicher Sexualität verquickt war. Und obwohl das Christentum vor dem Bankrott stehe, präge es, wie *Karlheinz Deschner* feststellt, bis auf den heutigen Tag unsere Sexualmoral. Ein anschauliches Beispiel einer anonym bleibenden Protestantin zeigt das leider nur zu deutlich. Im kirchlichen Bereich ist Sexualität immer noch eine Tabu-Zone oder – wie die *Wolter*-Karikatur es sagt – »Vatikanisches Hoheitsgebiet«.

Ist die sanktionierte Sexualität Kirchenleuten schon suspekt, so gilt das für die von den Normen »abweichenden« Formen noch in gesteigertem Maße. *Jean O'Leary* berichtet frei heraus von lesbischen Erlebnissen im Kloster; diese zugelassene körperliche Liebe ließ die Atmosphäre in der Gemeinschaft aufblühen. In diesem abgeschlossenen Lebensraum war das möglich, in der »Welt« aber wird Homosexualität kirchlicherseits immer noch verdammt. In der Angst vor ihr äußert sich die Angst vor der Sexualität überhaupt *(Hans Georg Wiedemann)*.

Die erste Quelle genitaler Sexualität ist wohl für die meisten Menschen die Selbstbefriedigung. Aber auch sie (»es passiert«,

damit trifft *Eugen Drewermann* den verschämten Ton so genau) ist verboten, dem Teenager und der Greisin, der Gemahlin und dem Zölibatären. Erlaubt und gefördert wird die Maxime: »Gehet hin und vermehret euch!« *Udo Jürgens* fragt an, ob das überhaupt noch verantwortbar sein kann.
Wer hätte das gedacht: Die Bibel, als heilige Schrift verehrt, ist nicht so zimperlich. Da wird auch Wollust nicht verschwiegen. Das *Hohelied* findet dann wunderbare lyrische Worte für die sehnsuchtsvolle, hungrige Liebe zweier Menschen. Typisch: Sowohl dem religiösen Establishment des Juden- als auch des Christentums war soviel Sinnlichkeit ein Dorn im Auge. Das gesamte Buch wurde spirituell gedeutet: Es spreche von der Liebe Gottes zu seinem Volk, bzw. der Hingabe Jesu zu seiner Kirche. Schulbibeln zitierten früher das gesamte Werk mit nur zwei Versen: »Stark wie der Tod ist die Liebe… Auch mächtige Wasser können die Liebe nicht löschen.«
Das alttestamentliche Hohelied, ungleich zarter als die gleich benannte Passage des paulinischen Korintherbriefs, ermuntert Glaubende, ihre Sexualität als von Gott geschaffen zu entdekken, zu erfahren, zu verantworten. Keine leichte Aufgabe. Denn in unseren Zeiten, da der Sextourismus boomt, Sexshops Millionenumsätze machen, Hardpornos Kindern zugänglich sind, Sexualität zum käuflichen, werbefördernden Konsumgut geworden ist, in diesen Zeiten mag sexuelle Abstinenz ehrenwerten Zeichencharakter haben. Doch Probleme werden damit nicht gelöst.

Über das Elend menschlichen Daseins

Geburt: Schon das Geborenwerden wurde als höchst beklagenswert empfunden. »Wer gibt meinen Augen den Tränenquell, daß ich beweine den bejammernswerten Eintritt in die Bedingungen menschlichen Daseins, beweine das schuldhafte Fortschreiten menschlichen Lebens, beweine das verdammenswerte Ende menschlicher Vernichtung?« Mit diesen Worten leitete kurz vor 1200 Lothar von Segni, der spätere Papst Innozenz III. (1198-1216), sein Werk »Über das Elend menschlichen Daseins« ein, das in den nächsten drei Jahrhunderten bis zur Reformation eine überwältigende und für den modernen Menschen schwer verständliche Beachtung gefunden hat. Aus der Zeit bis 1500 hat man rund 700 Handschriften und gegen vierzig Drucke dieser Hoffnungslosigkeit vermittelnden Schrift gezählt, wobei Übersetzungen in Volkssprachen und Auszüge nicht berücksichtigt sind. Es gibt nur wenige mittelalterliche Bücher, die eine größere Verbreitung gefunden haben als dieses niederschmetternde Buch. »Ich will das ausführlicher darlegen«, fährt Innozenz fort und charakterisiert die Stufen von Geburt, Leben und Tod: »Geschaffen ist der Mensch aus Staub, aus Lehm, aus Asche, und was nichtswürdiger ist: aus ekelerregendem Samen. Empfangen ist er in der Geilheit des Fleisches, in der Glut der Wollust, und was noch niedriger ist: im Sumpf der Sünde. Geboren ist er für die Furcht, für den Schmerz, und was noch elender ist: für den Tod.« Und so fort. Als eine Einstimmung auf ihr von Erbsünde und Lastern beflecktes Leben haben die Menschen jener Jahrhunderte diese Schrift aufgefaßt, und wortgewaltige Prediger haben aus ihr zitiert.

Horst Fuhrmann

Paulus – Sex – New York

Obwohl das Christentum heute geistig beinahe bankrott ist, prägt es noch immer entscheidend unsere Sexualmoral, sind die formalen Beschränkungen unseres Geschlechtslebens grundsätzlich noch fast wie im 15. oder 5. Jahrhundert, wie zur Zeit von Luther oder Augustin.
Das aber betrifft jedermann in der westlichen Welt, selbst Nichtchristen und Antichristen. Denn noch immer bestimmt, was irgendwelche nomadisierende Ziegenhirten vor zweieinhalbtausend Jahren dachten, die offiziellen Kodices von Europa bis Amerika; besteht ein handgreiflicher Zusammenhang zwischen den Sexualanschauungen der alttestamentlichen Propheten oder des Paulus und der strafrechtlichen Verfolgung von Unzucht in Rom, Paris oder New York.

Karlheinz Deschner

Ohne Unterleib

In unserer Familie war alles, das nur irgendwie im entferntesten auf die Existenz des Geschlechtlichen hätte hinweisen können, völlig tabuisiert. Das ging so weit, daß in unserer Sprache alles ausgespart war – es gab weder eine Bezeichnung noch einen Namen und auch kein Wort, sofern es mit dem Geschlechtlichen in Zusammenhang stand. Alles wurde umschrieben. Peinlich genug, daß es überhaupt so etwas wie das Geschlecht gab. Unsere Eltern wollten uns zu »grundanständigen« Menschen erziehen. Es gehörte demnach dazu, »darüber« nicht zu sprechen. Wir Kinder taten es auch nicht und fragten niemals danach.
Später, als ich schon lange erwachsen war, fiel es mir unsagbar

schwer, Worte auszusprechen, die dem Genitalbereich zugeordnet waren. Immer noch empfand ich sie, gemäß der Erziehung meiner Eltern, als ausgesprochen unanständig. Es blieb mir daher nichts anderes übrig, als mich zu lateinischen bzw. medizinischen Fachausdrücken zu flüchten, die ich weniger »ordinär« empfand.

Noch mit ungefähr 10 Jahren glaubte ich an das Märchen vom Storch. Bitterböse wurde ich, wenn andere Kinder tuschelten und mich wegen meines Nichtwissens verlachten. Es war mir unvorstellbar, daß es so etwas »Abscheuliches« in Wirklichkeit, worüber Kinder miteinander kichernd flüsterten, geben sollte. Genauso unvorstellbar wie der Gedanke, daß die von mir verehrten Lehrer, im besonderen mein Turnlehrer oder etwa gar mein Religionslehrer, jemals die Toilette benützen würden. Empört erklärte ich meinen Mitschülerinnen, daß *gute* Lehrer so etwas nie tun müßten.

In noch jüngeren Kinderjahren fragte ich oft erstaunt meine Mutter, warum wohl Frauen jedesmal gerade dann im Bett liegen würden, wenn ihnen der Storch ein Kind gebracht hatte. Zu jener Zeit machte meine Mutter mit mir des öfteren Besuche bei Wöchnerinnen aus ihrem Bekanntenkreis. Ich erhielt lediglich die kurze Antwort: »Sie ist die Treppe hinuntergestürzt, und jetzt frag nicht mehr!« Lange grübelte ich darüber nach, warum eine Frau, der ein Kind gebracht worden war, dabei immer die Treppe hinunterfallen müßte. Da ich als Kind sehr oft gestürzt bin – auch die Treppe hinab – und mich meine Mutter jedesmal mit den Worten: »Siehst du, jetzt hat dich der liebe Gott bestraft, weil du nicht brav gewesen bist!« wieder hochriß, nahm ich in meiner kindlichen Phantasie an, daß auch diese Frauen nicht folgsam gewesen und deshalb von Gott gestraft worden waren. Strafe und Ankunft eines Kindes waren damals von mir in einen engen Zusammenhang gebracht worden.

N.N., evang., 39 Jahre

Vertraulichkeit

Eines Abends ertappte uns die Postulantinnenmagistra, Schwester Martha. Wir alle waren im Freizeitraum. Schwester Martha pusselte an einem Mosaik. Sie bat mich, aus der Wäscherei weitere Kacheln zu holen. Ich fragte, ob Carrie mitkommen könne. Zuerst sagte Schwester Martha nein. Doch als ich erklärte, daß ich gern Gesellschaft hätte, weil es dort dunkel sei, stimmte sie zu. Sobald Carrie und ich allein waren, wurden wir sehr leidenschaftlich. Wir lauerten ständig auf diese Augenblicke der Privatheit. Das Kachelnholen wäre keine Sache von langer Dauer gewesen, aber kaum waren wir in der Wäscherei, wo es dunkel und still und wir allein waren, verloren wir uns in der gemeinsamen Welt. Plötzlich war der Raum in gleißendes Licht getaucht. Schwester Martha stand in der Tür. Sie sah uns bloß an. Wir hatten unsere Hauben abgesetzt, und es bestand keinerlei Zweifel, was wir da trieben.

In dieser Nacht litt ich Höllenqualen. Ich wußte, daß ich hinausgeworfen würde. Ich wußte, morgen wäre mein letzter Tag. Wir alle drei marschierten wortlos um die Villa. Wir gingen schweigend zu Bett. Ich wollte das Kloster nicht verlassen, ich war für die Welt nicht gewappnet.

Am nächsten Morgen rief mich Schwester Martha in ihr Büro. Ich konnte sie kaum ansehen. Ich wäre am liebsten sonstwo gewesen, nur nicht in ihrem Büro, da ich wußte, sie würde mich rauswerfen. Sie sagte: »Du hättest es mir zumindest sagen können.« Ich war wie vom Donner gerührt. Sie war nicht zornig. Sie würde mich nicht rauswerfen. Sie war eifersüchtig! Wie auf Wolken verließ ich das Büro.

Schwester Martha bat mich tags darauf, sie zum Supermarkt zu fahren. Als wir zurückkamen, lenkte ich den Wagen in die Garage, stellte den Motor ab, nahm Schwester Martha in den Arm und küßte sie. So einfach war das.

Schwester Martha war seit zwanzig Jahren im Kloster. Sie hielt sich peinlich genau an die Regeln, und sie machte allen Vorschriften: Licht aus um zehn, kein Radio, nicht rauchen, korrekter Gang, kein Aufschneiden, eine würdevolle Gebärde annehmen. Sie bestärkte keine Vertraulichkeiten.
Mit Beginn unserer Affäre veränderte sich Schwester Martha drastisch. Sie bekundete einen wunderbaren Sinn für Humor. Eine spontane, warmherzige, kreative Person trat zutage. Und natürlich veränderte sich auch das ganze Kloster. Wir wurden eine Familie, eine vertraute und liebevolle Gemeinschaft. Nicht, daß wir offen oder direkt unsere Liebe zeigten, doch wurde die Atmosphäre absolut bestärkend und stützend.

Jean O'Leary

Paßt nicht ins System

Wir haben von der Angst vor der Homosexualität in der Kirche gesprochen. Auf dem Hintergrund einer historisch so begründeten Sexualmoral ist diese Angst verständlich. Denn das Thema Homosexualität ist geeignet, dieses ganze System zu sprengen.
Die Anerkennung der Homosexualität als gleichberechtigt zur Heterosexualität würde die Sicherungen gegen die Sexualität überhaupt: Beschränkung auf Zeugungsakt und Ehe, aufheben. Wir haben gesehen, daß das System dieser Sexualmoral von der Angst vor der Sexualität und ihrer Lust bestimmt ist. Die Angst vor der Homosexualität gründet also in der Angst vor der Sexualität überhaupt.

Hans Georg Wiedemann

Selbstbefriedigung »passiert«

Immer, wenn »es« wieder »passiert« ist, kommt es nach so vielen Abwehrbemühungen zu einem *Zusammenbruch der gesamten moralischen Persönlichkeit*, einer wirklichen Katastrophe dramatischer Ohnmachtsgefühle und hilfloser Selbstanklagen; wenn man Dinge, die absolut natürlich sind, unter moraltheologischem Zwang als *Laster* kennenlernt, bleibt dem Ich keine andere Wahl, als sich über kurz oder lang wie ein Süchtiger zu fühlen und von einem gewissen Punkt der Neurotisierung an auch wirklich süchtig zu werden. Ein Teufelskreis entsteht, indem die Spirale von Angst, Schuldgefühl, Ohnmacht und Versagen immer von neuem weitergedreht wird durch alle möglichen Bemühungen von asketischer Selbstkontrolle, verzweifelten Fluchtreaktionen und den guten Vorsätzen des »niemals mehr wieder«. Die Summe von all dem stellt sich dar in einem immer stärker werdenden Minderwertigkeitsgefühl, in einem immer schwächer werdenden Ich und damit in einer fortschreitenden Auszehrung gerade derjenigen Kräfte, durch welche so etwas wie eine moralische Selbststeuerung überhaupt nur möglich ist.

Speziell in der Onanieproblematik ist der Teufelskreis von moralischer Überanstrengung, Frustration, Minderwertigkeitsgefühl und reaktiv überhöhtem neuerlichem Moralanspruch besonders fatal.

Eugen Drewermann

Gehet hin und vermehret euch

Hurra, die 5. Milliarde ist voll!
Und die Bild-Zeitung jubelt: »Ist das nicht toll?«
Neuer Geburtenweltrekord!
Lieb' Deinen Nächsten und pflanze dich fort!
Jetzt wird dem Hunger der Welt vorgebeugt!
Jetzt wird die nächste Milliarde gezeugt!

Und da hat einer gütige Hände
und ein gutes, kluges Gesicht
aber denkt er das Diesseits zuende
wenn er vom Jenseits spricht?

Kondom tabu und Pille verpönt –
denn aus beruf'nem Munde ertönt:
Gehet hin und vermehret Euch!
Gehet hin und vermehret Euch!

Im Nu ist die 6. Milliarde erreicht.
Aller Anfang ist schwer – alles Ende ist leicht.
Jetzt wird die Erde mit Menschen besatzt,
bis sie aus sämtlichen Nähten platzt.
Die Mächtigen tun, als gäb's keine Gefahr
als wäre der Globus aufblasbar.

Und die Welt hat so herrliche Kinder.
Viele nagen am Hungertuch.
Trotzdem freuen sich die armen Sünder
auf den nächsten hohen Besuch.

Noch ist die Show nicht aus und vorbei –
noch sind genügend Stehplätze frei:
Gehet hin und vermehret Euch!
Gehet hin und vermehret Euch!

Die 10. Milliarde ist vorprogrammiert.
So schnell ist die Menschheit noch nie explodiert.
Werft ja keinen Blick in die Zukunft zurück,
nach uns die Sintflut – vor uns das Glück!
Zum Leben zuwenig, zum Sterben zuviel!
Hat da nicht der Teufel die Hände im Spiel?

Denn der hat ja soviele Gesichter –
schöne Masken der Niedertracht.
Und der Schöpfer wird zum Vernichter,
wenn er so weiter macht.

Hereinspaziert – ob arm oder reich!
Rein in's Vergnügen alle zugleich!
Gehet hin und vermehret Euch!
Gehet hin und vermehret Euch!

Musik: Udo Jürgens
Text: Friedhelm Lehmann/Udo Jürgens

Wie schön du bist

– Dreh dich, dreh dich,
Schulamitin,
dreh dich, dreh dich,
daß wir dich beschauen!
– Was wollt ihr an der Schulamitin beschaun?
– Etwas, das dem Reigen des Doppellagers gleicht!
Wie schön sind deine Tritte in den Schuhn,
Tochter des Edlen!
Die Biegungen deiner Hüften
sind gleichwie Spangen,
Werk der Hände eines Meisters.
Dein Schoß ist eine Rundschale, –
nimmer ermangle sie des Mischtranks!
Dein Bauch ist ein Weizenhaufen,
von Lilien umsteckt.
Deine zwei Brüste sind wie zwei Kitzlein,
Zwillinge einer Gazelle.
Dein Hals ist wie ein Elfenbeinturm.
Deine Augen sind die Teiche in Cheschbon
am Tore von Bat-rabbim.
Deine Nase ist wie der Libanonturm,
der nach Damaskus hin späht.
Dein Haupt auf dir ist wie der Karmel,
die Flechten deines Hauptes wie Purpur, –
ein König verstrickt sich in den Ringeln.

– Wie schön und wie mild bist du,
Liebe, im Genießen!
Dieser Wuchs dein ähnelt der Palme
und deine Brüste den Trauben.
Ich habe zu mir gesprochen:

Ersteigen will ich die Palme,
greifen will ich ihre Rispen,
daß doch deine Brüste seien wie Trauben des Rebstocks
und deines Nasenatems Duft wie von Äpfeln
und dein Gaum wie der gute Wein …
– … der gradaus in meinen Minner eingeht, …
– … noch im Schlaf macht er die Lippen sich regen.

– Ich bin meines Minners,
nach mir ist sein Begehren.
Geh heran, mein Minner,
ziehn wir ins Feld hinaus,
nachten wir an den Dörfern,
besuchen die Wingerte wir in der Frühe,
besehn wir,
ob der Rebstock treibt,
ob die Knospe sich öffnet,
ob die Granaten erblühn; –
dort will ich meine Minne dir geben.
Die Minnebeeren geben Duft aus,
an unsern Türen sind allerhand Köstlichkeiten,
neue, auch alte,
für dich, mein Minner, habe ich sie aufgespart.

Das Hohelied, 7. Kapitel,
übersetzt von Martin Buber und Franz Rosenzweig

»Erinnerst Du Dich noch an die glücklichen Zeiten,
als wir über die Frauenfrage diskutieren konnten,
ohne daß die Frauen mitreden wollten?«

Kapitel 10: Frau – Die Magd des Herrn

Lukas, der Evangelist, greift den uralten Mythos der Geburt des Gottessohnes aus einer Jungfrau auf. Die Erzählung ist bekannt: Ein Engel informiert Maria über die anstehende Schwangerschaft und Geburt. Geistlich eine höchst dramatische, praktisch eine ziemlich lustlose und langweilige Empfängnis. Dem 2. Lukaskapitel nach, verfügt das Mädchen über keine Entscheidungskompetenz, sondern wird einfach von Gottes Plänen in Kenntnis gesetzt. Obwohl ihr gar nicht die Möglichkeit der Verweigerung blieb, denken römische Mariologen bereits an ein frisches Dogma: Mariens Miterlöserschaft. Schließlich hätte sie ja auch nein sagen können, meinen sie; ohne Maria kein Jesus, ohne Jesus kein Heil, nicht wahr? Hat sie aber nicht, im Gegenteil. Lukas legt ihr Worte in den Mund, auf die später die gesamte Persönlichkeit der Miriam reduziert werden sollte: »Ich bin die Magd des Herrn!« – Kirchenmänner, fix in Analogieschlüssen, folgerten von der einen Frau auf alle, forderten eine jede auf zu hauchen: »Ich bin die Magd der Herren!« – Wollen wir den Feministinnen glauben, daß es einst das goldene Matriarchat gab, wo Harmonie regierte und Gerechtigkeit waltete; zu schrecklich wäre sonst der Befund: Zu allen Zeiten, in allen Kulturen und Religionen, sind Frauen der Unterdrückung ausgesetzt. Da mag es graduelle Unterschiede geben. Doch tröstet eine amerikanische Katholikin, der das Priesteramt verwehrt bleibt, kaum, daß

chinesischen adeligen Damen einst die Füße wegen eines männlichen Schönheitsideals eingeschnürt und damit verkrüppelt wurden.
Lakonisch die Aussage von *Mary Chambers* Karikatur: Die schönen Zeiten, da Kirchenfunktionäre ohne Frauen über Frauen als Frage, als Problem debattieren konnten, sind vorbei. Nicht vorbei ist die Angst vor dem weiblichen Geschlecht, wobei diese Formulierung wörtlich zu nehmen ist: *Georg Baudler* erklärt, warum männlichen Phantasien die Frau ein Hemmnis darstellt. Er sieht in philosophischem, *Joachim Kahl* in biblischem Gedankengut die Wurzeln der christlichen Frauenunterdrückung.
Die Reduzierung der Frau auf Sexualität wendet *Luise Rinser* auf Maria an und zwingt damit vermutlich den überwiegenden Teil der »Mann-Theologen«, sich etwas vorzustellen, was vordem außerhalb ihres kirchlichen Weltbildes lag. Diese eingefleischte Tabuisierung ist übrigens ökumenisch; der Text der *Evangelischen Frauenarbeit* weiß auch zu berichten, wie das Reden über Menstruation im Rahmen einer Bibelarbeit Entsetzen hervorruft.
Frauendiskriminierung ist kein rein christliches Problem. In der gesamten Gesellschaft werden Frauen unterdrückt: vom Arbeitsplatz bis zur Ehe. Prostitution und Vergewaltigung sind Ausdruck des männlichen Dranges, die Frau machtvoll beherrschen zu wollen.
Die systematische Frauenverfolgung ist nun aber wieder eine christliche Eigenleistung: Hexenjagd! *Jutta Voss* macht das Grauen an kleinen Beispielen konkret.
Gerechterweise muß man anerkennen, da hat sich seit dem Mittelalter einiges getan. So heißt es seit dem 2. Vatikanischen Konzil im Ave Maria nicht mehr »gebenedeit unter den *Weibern*«, sondern ganz moderat und schlicht »Frauen«. Ob das langt, um den Exodus der Frauen aus der Kirche aufzuhalten? *Ester Vilars* Vision geht entschieden weiter: Die Antrittsrede

der amerikanischen Päpstin ist bereits formuliert, einzig der Tag der Inthronisation steht noch nicht genau fest…

Das kirchliche Frauenbild verfügt neben dem marianischen Archetypus noch über einen zweiten: Eva! Freispruch fordert *Christa Peikert-Flaspöhler* für die Urmutter, die so lange alle Vorurteile tragen mußte. Mit Vorurteilen kämpft auch die betende Nonne *Teresa von Avila*. Höchst bedauerlich, daß ihr Flehen streckenweise immer noch aktuell ist.

Ballast für die Seele

Nur wer vernunftgemäß lebt und handelt, kann sich in das Reich der Ideen, in das eigentliche geistige Sein, stoisch zum *Logos*, erheben. Darum ist der beim Menschen stets virulente, nicht bloß auf Kinderzeugung hin ausgerichtete Geschlechtstrieb das große Hindernis eines vernunftgemäßen, zur Erlösung aus der irdischen Gefangenschaft führenden Lebens. Mittelbar bildet dabei die Frau für den Mann das ärgerliche Hemmnis beim Aufstieg der Seele zu Gott. Hier, nicht in der Bibel, liegt die Wurzel für die Abwertung der Frau und der Sexualität in der Kirche, für das Zölibat und für die Verdrängung der Frau aus kirchlichen Ämtern.

Georg Baudler

Untergeordneter Abglanz

Im gleichen Sinne rechtfertigte der Apostel Paulus die Privilegien der Männer, indem er folgenschwer darauf hinwies, daß nicht Adam, sondern Eva verführt wurde (2. Kor 11,3) und die Frau um des Mannes willen und nicht der Mann um der Frau willen geschaffen sei (1. Kor 11,9). Die Schöpfungshierarchie lautet von oben nach unten: Gott – Christus – Mann – Frau (11,3). Allein der Mann, nicht die Frau ist Ebenbild und Abglanz Gottes; die Frau ist nur Abglanz des Mannes (11,7). Gerade im Gottesdienst der Gemeinde soll ihre Unterordnung unter den Mann deutlich werden: Sie hat sich zu verschleiern (11,5 ff) und zu schweigen (14,34). Will sie etwas wissen, soll sie zu Hause ihren Mann fragen (14,35).

Daß die Frau ins Haus gehört, betonen vor allem die späten Teile des Neuen Testaments, die Deuteropaulinen und die katholischen Briefe. »Eine Frau lerne still in aller Unterordnung; zu lehren gestatte ich einer Frau nicht, auch nicht, sich über den Mann zu erheben, sondern (ich gebiete ihr), sich still zu verhalten. Denn Adam wurde zuerst geschaffen, danach Eva. Und Adam wurde nicht verführt, das Weib vielmehr wurde verführt und ist in Übertretung geraten. Sie wird aber gerettet werden durch Kindergebären…« (1. Tim 2,11 ff). Der Titusbrief (2,4 f) fordert die Frauen auf, »ihre Männer zu lieben, ihre Kinder zu lieben, sittsam, keusch, haushälterisch, gütig, ihren Männern untertan zu sein, damit das Wort Gottes nicht gelästert wird«.

Joachim Kahl

Menstruierte Maria?

Lassen wir doch alle mariologischen Klischees beiseite. Versuchen Sie doch, sich einmal unbefangen Marias Geschlechtlichkeit vorzustellen, das heißt, nicht zu verdrängen, daß Maria, wie alle Frauen, wie auch Ihre leibliche Mutter, ihre Menstruation hatte, daß sie ihr erstes Kind genau so empfangen und geboren hat wie alle. Die Zeugung durch den Heiligen Geist (ohne Mann) entspringt einer alten hohen Mythe und ist also »wahr«, wenn auch nicht wirklich konkret zu verstehen. Können Sie sich vorstellen, wie diese junge Frau in Geburtswehen liegt und wie zwischen ihren Schenkeln der Schoß sich öffnet und das blutige Köpfchen des Kindes erscheint? Übrigens: wer hat es abgenabelt? Eine Hebamme war nicht da. Hat Josef es gekonnt? Über solche Fragen denkt ein Mann-Theologe natürlich nicht nach; er gebiert ja nicht. Er nimmt einfach hin, daß Maria »vor, bei, nach der Geburt virgo intacta« blieb. Eine physiologische Unmöglichkeit, eine mythisch-magische Männer-Vorstellung. Finden Sie es unschicklich, wenn ich als Frau von der Frau Maria so rede? Fühlen Sie Ekel, wenn Sie sich Ihre Mutter und Jeschuas Mutter als menstruierende Frauen vorstellen? Vermutlich.

Das Natürliche der Frau, die das Kind Jesus (Jeschua) geboren hat, lassen Sie nicht zu. Sie sehen diese Frau nicht als Frau, sondern als »Jungfrau« im extremsten Sinne: als absolut unberührt, absolut asexuell, beinahe »reiner Geist«. Ist das nicht eine Herabsetzung des Fleisches und aller (»gottgewollten«) Sexualität? Ein Dualismus, der nicht christlich ist, sondern eine gnostische Häresie.

Ich hörte vor Jahren in der Katholischen Akademie München bei einem Symposium zum Thema »Frau und Kirche« (Priestertum der Frau) einen jungen Kleriker hinter mir laut sagen: »Pfui Teufel, eine menstruierende Frau am Altar«. Ich drehte mich um und sagte ebenfalls laut: »Und wenn wir Frauen nun sagen würden: Pfui Teufel, ein Mann am Altar, der nachts eine Pollution hatte?«

Aber das ist etwas anderes, nicht wahr? Daß es etwas anderes ist, hängt zusammen mit der Angst des Mannes vor der Geschlechtlichkeit der Frau und vor ihrem Blut. Wagen wir es doch, Sie und ich, die Sache, die ins Gebiet der Magie gehört, beim rechten Namen zu nennen.

Luise Rinser

Blut

Im Zuge der abendländischen Aufspaltung von Materie und Geist, von Körper und Vernunft, von Leiblichem und Geistlichem wurden Frauen einseitig mit der ersten Seite identifiziert. Die Leiblichkeit von Frauen (die durch Menstruation, Schwangerschaft und Geburt offensichtlicher ist als bei Männern) und der weibliche Körper wurden abgewertet und Frauen oft auf ihren Körper reduziert (siehe die Frau als Sexobjekt in der Werbung noch heute).
Im Anschluß an 1. Mose 1,27 und 31 versuchen Frauen diese Aufspaltung und Abwertung zu überwinden. Zum einen, indem sie sich selber und gerade auch ihre Leiblichkeit und ihren Körper wieder als gute und wunderbare Schöpfung Gottes entdecken. Zum anderen, indem sie versuchen, die auseinandergerissenen Seiten von Leib/Geist etc. wieder in ihrer Zusammengehörigkeit zu verstehen. Deshalb sind auch das Reden über unsere Leiblichkeit und unseren Körper und ganzheitliche Erfahrungen von Glaube und Frömmigkeit, z.B. in Bewegung und Tanz, ein wichtiger Bestandteil Feministischer Theologie.
Das löst Angst aus – vor allem dann, wenn Aspekte von Sexualität und Geschlechtlichkeit und damit Tabubereiche berührt werden. Sehr alt ist z.B. die Angst vor dem Blut von Frauen bei der Menstruation. Während in Jahrhunderten vor Christus menschlicher Ausfluß als unrein galt und verschiedenen Tabugesetzen unterworfen war, stellen wir fest, daß Jesus keine Angst vor solchen Tabus hatte. In Markus 5 lesen wir davon, wie unbefangen Jesus mit einer menstruierenden Frau umging. Leider spielte in späterer Zeit die Angst vor dem Blut der Frauen wieder eine Rolle: Frauen wurden das offizielle Priesteramt verwehrt und menstruierenden Frauen der Zugang zur Kommunion oder zur Kirche überhaupt ver-

boten. In veränderter Form hat sich diese Tabuisierung bis heute erhalten. Sie ist z.B. sichtbar in den entsetzten Reaktionen, wenn Frauen im Zusammenhang einer Bibelarbeit über Menstruation reden.

Frauenarbeit der evangelischen Landeskirche Württemberg

Frauenvernichtung

Diese Tradition der Feindbild-Projektion und Feindvernichtung trifft die Frauen im christlichen Mittelalter. Die ersten Verbrennungen in Frankreich beginnen Ende des 14. Jahrhunderts. Danach scheint es kein Jahr mehr ohne Scheiterhaufen gegeben zu haben. 1431 wird Jeanne d'Arc verbrannt.
In Labourd hat Richter Pierre des Lancre im Jahre 1609 in nur vier Monaten 600 Hexen verbrennen lassen. Jean Bodin, der grausamste französische Hexenjäger, verfocht in seinem Werk »Über die Dämonie der Hexen« (1580) die These, daß das Verbrennen einer Hexe über dem kleinen Feuer eine noch ungenügende Strafe sei, da es nur eine halbe Stunde daure, bis der Tod eintrete.
Mit Hymnen und frommen Gebeten wurden die Verurteilten zum Scheiterhaufen begleitet. Geistliche, Kinder und Zuschauer sangen, bis die Flammen den Körper in Asche verzehrt hatten.
In Straßburg wurden 5.000 Personen hingerichtet, manchmal legten die Henker zwischen Arme und Beine Pechkränze oder Pulversäckchen um den Hals oder Schwefel in den Busen. Dann ging es schneller.
In Waldsee, einer Kleinstadt in Württemberg, stehen von 2.000 Einwohnern 43 auf der Brand-Liste. In Rottenburg werden

im Jahr 1596 nach einer Naturkatastrophe 144 Frauen und drei Männer hingerichtet. Soziale Spannungen führen dazu, daß arme Frauen übermäßig viele reiche Frauen denunzieren. Frauen rächen sich an Frauen. In Familie Lutz denunziert die Mutter die Tochter. Protestantische Angehörige denunzieren katholische Familienmitglieder. Ganze Sippen wurden ausgerottet.
In der Diözese Trier haben aus zwei kleinen Dörfern nur zwei Frauen überlebt. Im Jahr 1589 wurden in Quedlinburg/Sachsen an einem einzigen Tag 133 Frauen verbrannt. Benedikt Carpzov, der »Gesetzgeber von Sachsen« rühmte sich, 23mal die Bibel gelesen zu haben. Er hat 20.000 Frauen verbrennen lassen.

Jutta Voss

Keine Bescheidenheit mehr

Das Unfaßbare ist geschehen:
Habemus Papessam.

Ja, sehen Sie mich gut an, damit Sie es begreifen: Ich bin eine Frau.
Eine Frau auf dem Thron des Papstes. Zum ersten Mal *eine Frau.*

Diese Frisur hat nichts zu bedeuten. Wie man erzählt, hatte auch Jesus Christus lange Haare, und er war ein Mann.
Doch hier: zwei Brüste – dazu bestimmt, Kinder zu nähren.
Und unter diesem Rock: Eierstöcke, Eileiter, Gebärmutter.
Alles ungenutzt. Ein überflüssiges Geschenk, könnte man sagen.

Doch alles vorhanden, alles an seinem Platz.
So bestätigt in einem medizinischen Gutachten vom 3. Februar des Jahres 2014, und auf meinen Wunsch heute, am Tag meines Amtsantritts, in den Zeitungen veröffentlicht.
Warum?
Damit nie, nie, nie auch nur der geringste Zweifel aufkommt, daß ich wirklich und wahrhaftig eine Frau bin.

Ja, meine Brüder und Schwestern: auf diesem Stuhl, auf dem seit zweitausend Jahren Männer und immer wieder Männer saßen, auf dem Stuhl seiner Heiligkeit des Papstes, Oberhaupts von fast zweiundzwanzig Millionen Katholiken, sitzt ab heute eine Frau.
Verehrte, über die ganze Welt verstreute Mitglieder dieser Gemeinde, die Sie meine Ansprache jetzt auf Ihren Fernsehgeräten verfolgen: Haben Sie das wirklich verstanden?

Das andere wissen Sie aus meinen Wahlreden.
Amerikanerin, jawohl.
Geboren vor soundsoviel Jahren in Los Angeles, der Stadt der Studios und der Sekten, neuerdings westliche Hauptstadt des Islam.
Mutter an Drogensucht gescheitertes Starlet, das später seinen Unterhalt als Gelegenheits-Prostituierte verdiente.
Demzufolge aufgewachsen mit wechselnden Vätern und vier verwahrlosten Geschwistern in einer Wohnwagensiedlung am Rande des städtischen Mülldepots.

Im Alter von vierzehn Jahren erster Kontakt mit dem Katholizismus.
Sie kennen die Story: Ich hatte am Strand von Malibu einen Unfall mit einem gestohlenen Surfbrett und wurde von einem Priester unter Lebensgefahr aus stürmischer See gerettet...
Die heilige Vorsehung, sagte man früher. Heute nennen wir es Zufall.

Mit fünfzehn Eintritt in die katholische Jugendbewegung.
Später Priesterseminar in Detroit und Chicago. Priesterin in den Slums von Sao Paulo, Mexico City und Caracas.
Dann New York.
Aber ich glaube, das wissen Sie bereits.

Ja, Schwestern, es war ein langer Weg bis zu diesem Stuhl.
1991 – erinnern Sie sich? – die erste katholische Priesterin.
St. Patricks Cathedral: Die erste heilige Messe, zelebriert von einer Frau.
Die erste Predigt aus weiblichem Mund.
Die erste heilige Kommunion: Die Hostie von weiblicher Hand, der Kelch mit dem Wein in Frauenhänden!
Der Leib Christi... Amen... Das Blut Christi... Amen... Gehet hin in Frieden...

Und trotzdem vergingen noch dreiundzwanzig Jahre, bis eine von uns hier ankam.
Hatte nicht der Apostel verkündet, daß wir in seiner Kirche zu schweigen haben?
Nonnen, das ja.
Keusche Groupies, die bei den Auftritten der Monsignori in den Bänken schmachten – jeder Blick ein Applaus, jede Gebärde eine Ovation. Und in den Gedanken nichts als Bewunderung für ihn, den Sohn seiner Kirche, für ihn, den Sohn Gottes, und für ihn, den Herrn…
Waren wir nicht schon durch die Dame Mary im Aufsichtsrat vertreten?

Mehr Bescheidenheit, mahnten sie freundlich, als wir mit den Protesten begannen.
Später wurden sie dann zornig: mehr Bescheidenheit!

Der Name, den ich mir geben werde, ist Ihnen aus meinen Wahlreden bekannt.
Jawohl: die erste katholische Päpstin wird sich *die Zweite* nennen.
Joanna Secunda.
Johanna die Zweite.

Esther Vilar

Freispruch für Eva

Eva, Frau in der Frühe der Zeit,
so schön und so gut bist du, daß Adam dich
anschaut und liebt, du freust dich unbefangen
an deiner und seiner Liebe, Geschenke von Gott,
und die Schlange, Heilkraft der Göttin
verkörpernd, wohnt neben eurem Lager

Eva, Mutter aller Lebendigen,
ich sehe dich nicht mehr mit den Augen
verwundeter Männer, mit Augen, geblendet
von Machtsucht und Stolz

Eva, ich bin deine Tochter und Schwester,
begabt mit Brüsten und Schoß, beschenkt mit
Seele und Geist, durchströmt von Sehnsucht und
Liebe, erfüllt von Staunen und Hoffen,
verschwistert mit allem, was lebt

Eva, du hast nicht den Tod zu den Menschen
gebracht, Mutter aller Lebendigen,
nicht die Schuld vererbst du an uns, du
schenkst die Kraft und Bereitschaft weiter,
ganz für das Leben zu sein

Eva, ich spreche dich frei,
ich weise den Rufmord zurück, der Ehre und
Freiheit dir abschnitt im Dienste männlicher
Herrschlust dich zum Freiwild erklärte und
zur stimmlosen Magd bis zum heutigen Tag.
Zur Ganzheit sind wir geboren als Töchter
Gottes

Christa Peikert-Flaspöhler

Den Frauen zugeneigt

Herr meiner Seele! Als Du noch in dieser Welt wandeltest, hast Du den Frauen immer deine besondere Zuneigung bewiesen. Fandest Du doch in ihnen nicht weniger Liebe und Glauben als bei den Männern. Auch befand sich ja unter ihnen deine Heilige Mutter, deren Verdienste uns zukommen und deren Habit wir tragen. Die Welt irrt, wenn sie von uns verlangt, daß wir nicht öffentlich für Dich wirken dürfen, noch Wahrheiten aussprechen, um deretwillen wir im Geheimen weinen, und daß Du, Herr, unsere gerechten Bitten nicht erhören würdest. Ich glaube das nicht, Herr, denn ich kenne Deine Güte und Gerechtigkeit, der Du kein Richter bist wie die Richter dieser Welt, die Kinder Adams; kurz, nichts als Männer, die meinen, jede gute Fähigkeit bei einer Frau verdächtigen zu müssen. Aber es wird der Tag kommen, mein König, wo dieses alles bekannt wird. Ich spreche hier nicht für mich selbst, denn die Welt kennt meine Schlechtigkeit, und das ist mir lieb. Aber ich werfe unserer Zeit vor, daß sie starke und zu allem Guten begabte Geister zurückstößt, nur weil es sich um Frauen handelt.

Teresa von Avila

A
B
C

Kapitel 11: Leiden – Adelers Fittiche

Es wird nicht nur gern zu Silber- und Goldhochzeiten gesungen, das Lied von Joachim Neander: »Lobe den Herren, den mächtigen König der Ehren« – Kirchgänger aller Bekenntnisse kennen die Strophen auswendig. Die Melodie: getragen, feierlich, erhebend. Der Text desgleichen, Chören-hören, Namen-Amen.

Inhaltlich ruft das Lied positive Erinnerungen ins Gedächtnis – was geschieht mit den weniger schönen? Bewahrungen werden erwähnt, es fehlen die Unglücke, Niederlagen, Tragödien. Dorothee Sölle reagiert auf den Choral kategorisch ablehnend; ihrer Ansicht nach ist er nach Auschwitz – dem Inbegriff menschlichen Leidens, zu dem Gott schwieg – nicht mehr singbar. Dabei hat der Dichter auf Formulierungen anderer zurückgegriffen. Die Fittiche des Adlers beispielsweise stammen aus dem Lied, das Mose kurz vor seinem Tod gesungen hat (Deuteronomium 32,11).

Eine ausgefeilte philosophische Theodizee formulierte Gottfried Wilhelm Leibniz erst Anfang des 18. Jahrhunderts; das Problem – menschliches Leiden und einen guten, allmächtigen Gott zusammenzudenken – ist aber fast so alt wie die Kultur selbst. Sämtliche Erklärungsversuche scheitern kläglich vor dem Verstand. Frommen Seelen mag der Gedanke einer Prüfung oder Strafe Gottes genügen; schon Hiob aber widersetzte sich den Vereinfachern.

Vor den theoretischen Überlegungen kapitulierend, suchte man immer den praktischen Umgang mit dem Leiden einzuüben.

Bei Naturkatastrophen kann nur re-agiert werden, doch wie menschlicher Gewalt gegenübertreten? Was tun in Konfliktfällen? Die Interpretationen des Gebotes »Du sollst nicht töten« reichen von der Konsequenz, Vegetarier zu werden, bis zur Auffassung, das habe damals nur innerhalb des Volkes Israel gegolten.

Zumindest müssen wir bedauernd feststellen, daß die Kirchengeschichte nicht zu den friedfertigsten Perioden der Welthistorie zählt. Wir mögen zu Abwehrhaltungen neigen, wenn *Volker Elis Pilgrim* in den Chor einstimmt, der den Christen die Litanei ihrer Grausamkeiten vorhält. Aber ist es nicht wirklich ein Unding, daß allenthalben die Opfer und deren Kindeskinder ihres Leidens gedenken, die Täter samt Nachfahren sich aber vornehm in Schweigen hüllen? Wie sehr müssen beispielsweise die Indianer unter den Christen gelitten haben, wenn sie sich für die Hölle entschieden, aus Angst, im Himmel könnten sie ihre Peiniger wiedersehen (*Eduardo Galeano* erzählt das)?

Das Paktieren und Lavieren mit den Mächtigen hat die Kirchen häufig in Zwickmühlen geführt. Exemplarisch geschah das im 2. Weltkrieg, als man zu selten die Stimme erhob, sich vor allem selbst als Institution zu erhalten suchte. Das Gespräch mit Papst Pius XII. im Jahre 1943 ist zwar fiktiv, doch *Rolf Hochhuth* hat die Position des Vatikans treffend auf den Punkt gebracht: Vor lauter Kommunistenhaß wurde Hitler zum Retter des christlichen Abendlandes gekürt. Übrigens kämpften nicht nur in diesem Krieg Christen an beiden Fronten gegeneinander. Zur Karikatur ist noch anzumerken, daß sie richtig gelesen werden muß: Segensgebete werden heute nicht mehr über Waffen gesprochen. Aber politisches Mundhalten um des Status quo willen kommt dem gleich.

Wie steht Gott zu alledem? Den klassischen Zwiespalt hat bereits *Epikur* vor ca. 2400 Jahren logisch durchdacht und in ebenso klassische Sätze gefügt. Für *Gerhard Brendler* führt die Frage nach der Gerechtigkeit Gottes zu einem »schillernden

Monstrum«. Daß dieser Schluß nicht zwangsläufig ist, zeigen die beiden *»Verschnauftexte«.*

Elie Wiesel ist im Angesicht eines leidenden Menschen fähig, in dieser geschundenen Kreatur Gott zu erblicken: Ist es der mit-leidende Gott? Oder zeigt die grausame Realität, daß Gott längst tot ist? *Lionel Blue* wagt sich an diese Abgründe nicht direkt heran, verschließt in seiner frischen und mitmenschlichen Art aber auch nicht die Augen davor. Das »Warum« vermag er nicht zu erklären. Daß aber Gott mit dem Leiden etwas zu tun hat, ist ihm sonnenklar.

Keine geschliffenen, fertigen Antworten machen den Glauben aus, sondern die offenen Fragen, die offenen Hände, das offene Herz.

Katalog der Untaten

Die Weltgeschichte in der Klammer der christlichen Religion ließ über fast zweitausend Jahre die Menschheit zur Ader, wie es in keiner vergleichbaren Zeitspanne geschah. Nicht Frauen und nicht alle, sondern bestimmte Männer bemäntelten mit dem Christentum ihre Blutrunst ungeheuren Ausmaßes: Millionen Heiden, Millionen Juden, Millionen Frauen (Hexen), Millionen Abweichende (Ketzer), Millionen Indianer, Millionen Andersgläubige wurden umgebracht. Unzählige Angehörige der Fraktionen unter dem Dachverband christliche Kirche – griechisch-russisch Orthodoxe, Katholiken und Protestanten – fielen den jahrhundertelangen Rechtgläubigkeitsstreitereien zum Opfer. Kreuzzüge und im Namen der Religion geführte Kriege mähten Menschen zu Hunderttausenden hin. Die Millionen Tötungen in den beiden großen und den vielen kleinen Kriegen des 20. Jahrhunderts wurden von der Kirche abgesegnet. (...)

Die »friedlichen« Gewalttaten unter dem Deckmantel des Christentums stehen in ihrem Ausmaß den kriegerischen nicht nach: Unterdrückung der Frauen, Ausbeutung der Bauern, später der Arbeiter, Beschädigung der Kindheiten aller Menschen, Verstümmelung des Geschlechtlichen, Verunstaltung aller Lebensläufe, Verwandlung menschlichen Daseins in Not und Verzweiflung, Vertröstung auf bessere Zeiten in einer Existenz nach dem Tode.

Volker Elis Pilgrim

Viele bringen sich um

1511, Yara Hatuey im Osten Kubas

Auf diesen Inseln, an diesen Stätten der Erniedrigung, gehen viele freiwillig in den Tod. Sie erhängen sich oder vergiften sich zusammen mit ihren Kindern. Die Invasoren können diese Rache nicht verhindern, aber sie haben eine Erklärung dafür. Die Indianer sind, so heißt es bei Oviedo, »so wild, daß sie alles für Gemeinbesitz halten, und sie sind von Natur aus faul und lasterhaft und arbeiten wenig ... Viele von ihnen machten sich zum bloßen Zeitvertreib, um nicht arbeiten zu müssen, mit Gift den Garaus, und andere knüpften sich mit eigenen Händen auf.«

Hatuey, der Indianerhäuptling in der Guahaba-Region, beging nicht Selbstmord. Er floh mit den Seinen auf einem Kanu von Haiti und tauchte in den Höhlen und Wäldern Ostkubas unter. Dort zeigt er auf einen Korb Gold und sagte: »Das ist der Christengott. Seinetwegen verfolgt man uns. Seinetwegen mußten unsere Eltern und Geschwister sterben. Tanzen wir ihm etwas vor! Wenn ihm unser Tanz gefällt, gebietet dieser Gott, daß man uns nicht mißhandelt.« Drei Monate später wird Hatuey von den Spaniern ergriffen. Er wird an einen Pfosten gebunden. Bevor das Feuer entfacht wird, das ihn zu Asche und Kohle verbrennen soll, verspricht ihm ein Priester Seligkeit und ewigen Frieden, falls er sich taufen läßt. Der Todgeweihte fragt: »Kommen in diesen Himmel auch die Christen?« Der Priester antwortet: »Ja.« Hatuey entscheidet sich für die Hölle, und das Brennholz beginnt zu knistern.

Eduardo Galeano

Der Retter des christlichen Abendlandes

FONTANA: Heiligkeit, wenn ich in Demut bitten darf:
Drohen Sie Hitler, eine halbe Milliarde Katholiken
zum christlichen Protest zu *zwingen*,
wenn er den Massenmord noch fortsetzt!

PAPST (spürt, daß er diesem bewährten Berater sachlich antworten muß. Er ist geniert, gereizt, er spricht, als habe er das oft erklärt, und doch überwindet er sich, auf Fontana zuzugehen und ihm die Hand auf die Schulter zu legen):
Fontana! Ein Berater von Ihrem Blick – wie bitter,
daß jetzt auch Sie Uns mißverstehen. Sehen Sie nicht,
daß für das christliche Europa
die Katastrophe naht, wenn Gott nicht Uns,
den Heiligen Stuhl,
zum *Vermittler* macht?
Die Stunde ist düster: zwar wissen Wir,
den Vatikan rührt man nicht an.
(Hitler hat es erst kürzlich wieder garantiert.)
Doch Unsere Schiffe draußen, die Wir steuern sollen?
Polen, der ganze Balkan, ja Österreich und Bayern noch?
In wessen Häfen werden sie geraten?
Sie könnten leicht im Sturm zerschellen.
Oder sie treiben hilflos an Stalins Küsten.
Deutschland *ist* heute Hitler. Phantasten,
die da behaupten, der Sturz des jetzigen Regimes
in Deutschland
habe *nicht* den Zusammenbruch
der Front zur Folge.
Hitlers Generalen, die ihn beseitigen wollen,
trauen Wir weniger zu als gar nichts.
Sie wollten schon im Frühjahr vierzig handeln.

Wie handelten sie denn?
Sie ließen sich von Hitler dekorieren und schlugen
ganz Europa kurz und klein.
Wir kennen ihresgleichen aus Berlin:
Die Generalität hat keine Meinung,
wenn Hitler fällt, wird sie nach Hause gehen…

KARDINAL: Und Stalin hätte freie Fahrt nach Warschau,
Prag, ja Wien – ja, bis zum *Rhein*, nicht wahr.

PAPST (hat sich wieder gesetzt): Ob sich der Präsident darüber klar ist?
Stalin läßt sich nicht einmal sprechen von ihm.
Seit Casablanca führt die Vernunft
im Weißen Haus nicht mehr allein das Zepter.
Und Mr. Churchill ist zu schwach. Er scheint
auch nicht gewillt, im Westen
eine zweite Front zu bilden. Er sieht es gern,
wenn sich die Russen an den Deutschen
erst gründlich erschöpfen, so wie
die Deutschen an den Russen.

KARDINAL: Wir können auch nicht bös darüber sein, nicht wahr.

PAPST (klopft bei jedem Wort auf die Lehne seines Thrones):
Hitler allein, lieber Graf, verteidigt jetzt Europa.
Und er wird kämpfen, bis er stirbt,
weil ja den Mörder kein Pardon erwartet.
Dennoch, der Westen *sollte* ihm Pardon gewähren,
solange er im Osten nützlich ist.
Wir haben öffentlich im März erklärt, nichts,
gar *nichts* zu tun zu haben mit den Zielen
der USA und Großbritanniens.
Die sollen sich mit Deutschland erst vertragen.
Der spanische Außenminister hat das leider
vor aller Welt schon propagiert.
Wie dem auch sei: die Staatsräson verbietet,

Herrn Hitler als Banditen anzuprangern,
er muß verhandlungswürdig bleiben.
Wir haben keine Wahl.

Rolf Hochhuth

Wenn, dann – warum nicht?

Entweder will Gott die Übel beseitigen und kann es nicht, oder er kann es und will es nicht, oder er kann es nicht und will es nicht, oder er kann es und will es. Wenn er nun will und nicht kann, so ist er schwach, was auf Gott nicht zutrifft. Wenn er kann und nicht will, dann ist er mißgünstig, was ebenfalls Gott fremd ist. Wenn er nicht will und nicht kann, dann ist er sowohl mißgünstig wie auch schwach und dann auch nicht Gott. Wenn er aber will und kann, was allein sich für Gott ziemt, woher kommen dann die Übel und warum nimmt er sie nicht weg?

Epikur

Der Teufel in Gott

Die Theodizee, der Gedankenknoten aus den Widersprüchen zwischen Allmacht plus Güte Gottes auf der einen und der Existenz des Bösen auf der anderen Seite ist denkerisch überhaupt nicht widerspruchsfrei zu lösen; denn die Lösung, die sich immer wieder anbietet, ist ein gespaltenes Wesen, ein schillerndes Monstrum, ein Wesen im Widerspruch zu seiner Idee, ein Gott, der den Teufel in sich hat. Man kann es anbeten und mit Weihrauch besänftigen, aber kaum ernsthaft lieben und verehren.

Gerhard Brendler

Trotz Leiden glauben

Von Menschen in Not habe ich eine sehr wichtige Lektion gelernt, um die sich ein Schleier des Schweigens hüllt. Zu vielen Problemen gibt es einfach keine Antwort, es nützt daher auch nichts, sich eine auszudenken. Alles, was man tun kann, ist, entweder mit den Problemen zu leben oder sie zu transzendieren. Auch bringt es nichts, sich einzureden, sie würden verschwinden und es gäbe zum Schluß für jeden auf dieser Welt ein Happy-End; das stimmt nun einmal nicht. Wenn man einen notleidenden Menschen besucht, kann ein übertrieben hoffnungsvolles Geschwätz helfen, die anfängliche Verlegenheit zu überwinden, falls der Besuch nicht zu lange andauert. Doch der Gesichtsausdruck der Menschen verrät, daß sie wissen, wir spielen ein Spielchen, um uns selbst aus der Affäre zu ziehen und nicht um ihnen zu helfen. Es hat weiterhin keinen Zweck vorzugeben, Gott hätte mit der ganzen Sache nichts zu tun. Wäre das wahr, gäbe es ihn nur in Butterblümchen und Maßliebchen; doch wer will schon solch dummes Geschwätz hören? Bestimmt nicht jemand, der Schmerzen leidet. Es ist auch nicht gut zu sagen, Leiden würden uns heiligen und Schmerzen uns erlösen. Manchmal trifft das zu, manchmal aber auch nicht. Sogar zur Heiligung braucht man etwas Stärke; Leiden und starke Schmerzen aber nehmen dem Menschen fast alle Kraft. Man braucht jedes Fünkchen Energie, nur um durchzuhalten.

Doch da ist noch etwas. Mir sind leidende Menschen begegnet, die weder besonders heiligmäßig noch fromm waren. Ganz sicherlich haben sie Gott nicht um Vergebung gebeten. Viele hatten das Gefühl, es sei ihre Aufgabe, *Ihm* zu vergeben. Doch sie wußten, daß das Zentrum der Welt nicht in ihr selbst liegt, daher glückte es ihnen in ihrem Leiden und Schmerz, ihre ganze Aufmerksamkeit auf Gott zu richten und sie dort zu belassen. Das war für mich eine wichtige Erfahrung. Selbst wenn man religiös ist, sei es auch aus beruflichen Gründen, wenn der Arbeitsplatz davon abhängt, zweifelt man. Man kann den Zweifel unterdrücken, doch er ist wie ein Leiden – man muß lernen, mit ihm zu leben. Begegnet man daher einem leidenden Menschen, der selbst in der Stunde des Schmerzes glaubt, dann hilft uns das in Augenblicken des Zweifels.

Lionel Blue

Wo ist Gott?

Als wir eines Tages von der Arbeit zurückkamen, sahen wir auf dem Appellplatz drei Galgen. Antreten. Ringsum die SS mit drohenden Maschinenpistolen, die übliche Zeremonie. Drei gefesselte Todeskandidaten, darunter der kleine Pipel, der Engel mit den traurigen Augen.

Die SS schien besorgter, beunruhigter als gewöhnlich. Ein Kind vor Tausenden von Zuschauern zu hängen, war keine Kleinigkeit. Der Lagerchef verlas das Urteil. Alle Augen waren auf das Kind gerichtet. Es war aschfahl, aber fast ruhig und biß sich auf die Lippen. Der Schatten des Galgens bedeckte es ganz.

Diesmal weigerte sich der Lagerkapo, als Henker zu dienen. Drei SS-Männer traten an seine Stelle.

Die drei Verurteilten stiegen zusammen auf ihre Stühle. Drei Hälse wurden zu gleicher Zeit in die Schlingen eingeführt.

»Es lebe die Freiheit!« riefen die beiden Erwachsenen. Das Kind schwieg.

»Wo ist Gott, wo ist er?« fragte jemand hinter mir.

Auf ein Zeichen des Lagerchefs kippten die Stühle um.

Absolutes Schweigen herrschte im ganzen Lager. Am Horizont ging die Sonne unter.

»Mützen ab!« brüllte der Lagerchef. Seine Stimme klang heiser. Wir weinten.

»Mützen auf!«

Dann begann der Vorbeimarsch. Die beiden Erwachsenen lebten nicht mehr. Ihre geschwollenen Zungen hingen bläulich heraus. Aber der dritte Strick hing nicht reglos: der leichte Knabe lebte noch…

Mehr als eine halbe Stunde hing er so und kämpfte vor unseren Augen zwischen Leben und Sterben seinen Todeskampf. Und wir mußten ihm ins Gesicht sehen. Er lebte noch, als ich an

ihm vorüberschritt. Seine Zunge war noch rot, seine Augen noch nicht erloschen.
Hinter mir hörte ich denselben Mann fragen: »Wo ist Gott?«
Und ich hörte eine Stimme in mir antworten: »Wo er ist? Dort – dort hängt er, am Galgen...«
An diesem Abend schmeckte die Suppe nach Leichnam.

Elie Wiesel

Ausklang

Der Glaube des modernen Menschen

Ein »moderner« Mensch verirrte sich in der Wüste.
Die unbarmherzige Sonnenglut hatte ihn ausgedörrt.
Da sah er in einiger Entfernung eine Oase.
Aha, eine Fata Morgana, dachte er,
eine Luftspiegelung, die mich narrt.
Denn in Wirklichkeit ist gar nichts da.

Er näherte sich der Oase, aber sie verschwand nicht.
Er sah immer deutlicher die Dattelpalmen,
das Gras und vor allem die Quelle.
Natürlich eine Hungerfantasie, die mir mein
halb wahnsinniges Gehirn vorgaukelt, dachte er.
Jetzt höre ich sogar das Wasser sprudeln.
Eine Gehör-Halluzination. Wie grausam die Natur ist.

Kurze Zeit später fanden ihn zwei Beduinen tot.
»Kannst du so etwas verstehen?« sagte der eine
zum andern, »die Datteln wachsen ihm beinahe in
den Mund. Und dicht neben der Quelle liegt er
verhungert und verdurstet. Wie ist das möglich?«
Da antwortete der andere:
»Er war ein moderner Mensch.«

N.N.

Das Versteckspiel

Rabbi Baruchs Enkel, der Knabe Jechiel, spielte einst mit einem andern Knaben Verstecken. Er verbarg sich gut und wartete, daß ihn sein Gefährte suchte. Als er lange gewartet hatte, kam er aus dem Versteck; aber der andere war nirgends zu sehen. Nun merkte Jechiel, daß jener ihn von Anfang an nicht gesucht hatte. Darüber mußte er weinen, kam weinend in die Stube seines Großvaters gelaufen und beklagte sich über den bösen Spielgenossen. Da flossen Rabbi Baruch die Augen über, und er sagte: »So spricht Gott auch: ›Ich verberge mich, aber keiner will mich suchen.‹«

Martin Buber

Glossar

Adiaphoron: etwas, das weder gut noch schlecht ist.
animistisch: an »Geist-Wesen« glaubend, d.h. an »beseelte« Geschöpfe, Tiere, Pflanzen oder auch Objekte.
Antimodernisteneid: Von Papst Pius X. im Jahre 1910 für alle katholischen Geistlichen vorgeschriebener Eid, sich den Reformtendenzen innerhalb der Kirche zu widersetzen. 1967 abgeschafft.
Arkanum: Geheimnis, Geheim- oder Wundermittel.

Deuteropaulinen: von einem unbekannten Verfasser stammende und dem Paulus zugeschriebene Briefe des Neuen Testaments (Kolosser, Epheser).
Dualismus: Zwiespältigkeit, Gegensätzlichkeit, Herrschaft der Gegensätze (von Gut und Böse, Himmel und Erde, Gott und Satan, etc).

Ekklesiologie: die Lehre von der Kirche.

Filioque-Streit: seit dem 8./9. Jahrhundert Streitpunkt zwischen der römischen und den orthodoxen Kirchen, ob der Heilige Geist vom Vater und vom Sohn oder aber nur vom Vater ausgehe.

Genozid/Globozid: Völkermord/»Weltmord«.
Groupies: von einem Idol (z.B. Popstar) begeisterte Mädchen, die sich eifrig um Kontakt zu ihm bemühen.

Habemus papessam (lat.): »Wir haben eine Päpstin!« – Unmittelbar nach der Papstwahl wird auf dem römischen Petersplatz verkündet: Habemus papam, wir haben einen Papst.
Hedonismus: Lehre, nach der das höchste Gut und Ziel des Handelns die – nicht nur sinnliche – Lust sei.
Hierarchen: Glieder der kirchlichen Rangordnung.
Hybris: Übermut, Hochmut, besonders gegenüber Gott.

Index: In der katholischen Kirche eine Liste verbotener Bücher; heute weitgehend abgeschafft.
Insurgenz: Reizung zum Aufstand.
Investiturstreit: Auseinandersetzung im 11./12. Jahrhundert, ob das Recht, Bischöfe einzusetzen, den weltlichen oder kirchlichen Machthabern zustehe.

Kasuistik: Methode der katholischen Moraltheologie, ein im voraus feststehendes System allgemeiner sittlicher Normen auf Einzelfälle anzuwenden.
Kodices: Gesetzessammlungen (Einzahl: Kodex).
Kotau (chin.): sehr tiefe, demütige Ehrbezeigung, Verneigung bis auf den Boden.

Libertador (span.): Freiheitskämpfer.
libidinös: auf die Libido bezogen, d.h. die Begierde, den Trieb betreffend, besonders den Geschlechtstrieb; wollüstig.
Logos (griech.): wörtlich etwa Wort, Gedanke, Vernunft; in der Theologie: Christus als das menschgewordene Schöpfungswort.

Mantiker: Wahrsager.
mariologisch: die Lehre von Maria betreffend.
matriarchal: mutterrechtlich; unter dem Einfluß der Frau stehend.
Mythe/Mythos: unwirkliche, aber vorstellbare Bilder einer Wahrheit; Erzählungen, die religiöse Grundaussagen veranschaulichen.

Narzißten: nur in die eigene Person verliebte Menschen.
nekrophil: das Tote liebend.
Nihilismus: Grundsätzliche Verneinung aller Werte; Weltanschauung, die den Sinn des Daseins abstreitet.

Pater familias (lat.): etwa: Vater der Familie, Vater und Hausherr, Familienoberhaupt. In der römischen Religion nahm der Vater die priesterliche Funktion im Verkehr mit den Göttern ein.
Perfidie: Niedertracht, Heimtücke.
Point d'honneur (franz.): »Ehrenpunkt«; Standpunkt, an dem die Ehre in Frage steht.
postmodern: nach der Moderne; seit den achtziger Jahren Abkehr von der modernen Richtung in Kultur und Gesellschaft.

Postulantinnenmagistra: Ordensschwester, zuständig für die Bewerberinnen des Klostereintritts.
Prostration: Niederwerfung, sich zu Boden werfen, liturgisches Sich-hin-Strecken (z.B. bei katholischer Priesterweihe).
Protestation: altertümlicher Begriff für Protest.

quantité négligeable (franz.): etwas, das nicht ins Gewicht fällt.

sacra: heilige…
Salam-Gruß: Friedensgruß; Salam aleikum (arab.): Friede sei mit euch.
Saturnalien: im alten Rom rauschendes Fest zu Ehren des Gottes Saturn, bei dem alle Standesunterschiede aufgehoben waren und die Herren ihre Sklaven bedienten.
Stoische Lehre: Philosophie, die die Vernunft als Weltgesetz und die Gelassenheit, gleich was geschieht, als Lebensideal lehrt.
Suprematsakte: Festschreibung der Obergewalt des Papstes über die Bischöfe, verkündet im Jahre 1534.

Tautologie: Häufung bedeutungsgleicher Wörter (»jetzt und sofort«).
Theodizee: etwa »Rechtfertigung Gottes«; das Problem, wie einerseits Liebe und Allmacht Gottes und andererseits das Leiden auf der Welt zusammengedacht werden können.
Theologumena: theologische Aussagen (Singular: Theologumenon).
Transzendenz: Bereich, der außerhalb natürlicher, gegenständlicher, menschlicher Erfahrung und sinnlicher Erkennbarkeit liegt; das Absolute, Übernatürliche; die Jenseitigkeit Gottes.

utilitaristisch: die Auffassung betreffend, daß nur das gut sei, was dem einzelnen oder der Gemeinschaft nützlich ist.

Virgo intacta (lat.): unberührte, gynäkologisch intakte Jungfrau.
virulent: krankheitserregend, ansteckend.
Zwangsneurose: zwanghaftes, auf einer seelischen Störung beruhendes Fehlverhalten.

Quellennachweis

*Albert, Hans (*1921)*
Professor für Soziologie und Wissenschaftslehre.
S. 103 Aus: Ders., Das Elend der Theologie Kritische Auseinandersetzung mit Hans Küng. © Hoffmann und Campe Verlag, Hamburg 1979 (Titel v. Hrsg.)

*Alves, Rubem (*1933)*
Pfarrer, Professor für evang. Theologie.
S. 28 Aus: Ders., Was ist Religion? Aus dem Portugiesischen v. Horst Goldstein. Pendo-Verlag, Zürich 1985 (Titel v. Hrsg.)

*Amery, Carl (*1922)*
Erzähler und Essayist, Bühnen-, Fernseh-, Filmautor.
S. 90 Aus: Ders., Die Furcht vor dem Heiligen. Das »magische« Denken ist noch nicht überwunden. Eine Anfrage zum Zölibat, in: Publik-Forum v. 24. Juni 1983. Rechte beim Autor (Titel v. Hrsg.)

Amilié, Franz/Halbach, Robert/Kramer, Berna
S. 100 Aus: Diess., Ich hasse zu hassen. Offener Brief an Horst Mahler. Karin Kramer Verlag, Berlin 1988 (in Auszügen) (Titel v. Hrsg.)

Anders, Günther (1902-1993)
Schriftsteller und Philosoph.
S. 114 Aus: Ders., Die Antiquiertheit des Menschen, in: Über die Zerstörung des Lebens im Zeitalter der dritten industriellen Revolution. C.H. Beck'sche Verlagsbuchhandlung, München 1980 (Titel v. Hrsg.)

Andersch, Alfred (1914-1980)
Schriftsteller.
S. 42 Aus: Ders., Sansibar oder der letzte Grund. © 1970 Diogenes Verlag, Zürich (Titel v. Hrsg.)

von Avila, Teresa (1515-1582)
Ordensfrau, Ordensgründerin, Kirchenlehrerin.
S. 149 Aus: Dies., »Ich bin ein Weib – und obendrein kein gutes«. Ein Portrait der Heiligen in ihren Texten. Ausgewählt, übersetzt und eingeleitet v. Erika Lorenz. Verlag Herder, Freiburg i.Br. ^{5}1987 (Titel v. Hrsg.)

*Baudler, Georg (*1936)*
Professor für kath. Theologie.
S. 138 Aus: Ders., Gott und Frau. Die Geschichte von Gewalt, Sexualität und Religion. Kösel-Verlag, München 1991 (Titel v. Hrsg.)

de Beauvoir, Simone (1908-1986)
Schriftstellerin, Lebensgefährtin von Jean-Paul Sartre.
S. 40 Aus: Dies., Memoiren einer Tochter aus gutem Hause. Deutsch v. Eva Rechel-Mertens. Copyright © 1960 by Rowohlt Verlag GmbH, Reinbek (Auszug) (Titel v. Hrsg.)

*Becker, Jürgen (*1959)*
Kölner Kabarettist und Karnevalist.
*Stankowski, Martin (*1944)*
Journalist, Erzähler, Fremdenführer in Köln.
S. 62 Aus: Diess., Biotop für Bekloppte. Ein Lesebuch für Immis und Heimathirsche. Volksblatt Verlag, Köln 1992

*Becker, Wilhard (*1927)*
Evang. Pfarrer, Ehe- und Familienberater.
*Schaffer, Ulrich (*1942)*
Schriftsteller und Photograph.
S. 78 Aus: Diess., Ganz anders könnte man leben. Perspektiven der Hoffnung. Kreuz Verlag, Stuttgart 1984

*Bense, Max (*1910)*
Wissenschaftstheoretiker, Philosoph und Essayist.
S. 105 Aus: Ders., Warum man ein Atheist sein muß, in: G. Szeczny (Hrsg.), Club Voltaire I, 1963 (Titel v. Hrsg.)

Bernanos, Georges (1888-1948)
Schriftsteller, Essayist.
S. 72 Quelle unbekannt (Titel v. Hrsg.)

Betz, Georg (1946)
Kath. Theologe.
S. 66 Aus: Ders., Verehren wir den falschen Gott? Wider die Verharmlosung der Sache Jesu (Herderbücherei Bd. 1775). Verlag Herder, Freiburg i.Br. 1993 (Titel v. Hrsg.)

*Blasig, Winfried (*1932)*
Kath. Priester, bis zur Veröffentlichung von »Christ im Jahr 2000« Professor für Theologie.
S. 91 Aus: Ders., Christ im Jahr 2000. Kösel-Verlag, München 1984 (Titel v. Hrsg.)

Bloch, Ernst (1885-1977)
Philosoph, Marxist, Utopist.
S. 53 Aus: Ders., Das Prinzip Hoffnung. © Suhrkamp-Verlag, Frankfurt am Main 1959 (Titel v. Hrsg.)

Blue, Lionel
Rabbiner in England.
S. 159 Aus: Ders., Das Blaue vom Himmel. Überirdische Wahrheiten für das irdische Leben. Verlag Herder, Freiburg i.Br. 1989 (Titel v. Hrsg.)

Blumhardt, Christoph (1842-1919)
Evang. Pfarrer.
S. 197 Aus: Ders., Ansprachen, Predigten, Reden, Briefe: 1865-1917. Neue Texte aus dem Nachlaß, hrsg. v. Johannes Harder. Neukirchener Verlag, Neukirchen-Vluyn 1978. Copyright Neukirchener Verlag des Erziehungsvereins GmbH, Neukirchen-Vluyn (Titel v. Hrsg.)

Böll, Heinrich (1917-1985)
Schriftsteller, kath. zeitkritischer Moralist. 1972 Nobelpreis für Literatur.
S. 73 Auszug aus dem Nachwort zu Carl Amery, Die Kapitulation oder Deutscher Katholizismus heute, in: Heinrich Böll, Essayistische Schriften und Reden 1. © 1979 by Verlag Kiepenheuer & Witsch, Köln (Titel v. Hrsg.)
S. 75 Aus: Ders., Werke. Bd. 10: Hörspiele, Theaterstücke, Drehbücher, Gedichte. © 1979 by Verlag Kiepenheuer & Witsch, Köln

*Boff, Leonardo (*1938)*
Ehemaliger Franziskaner, Hauptvertreter der Theologie der Befreiung.
S. 73 Aus: Ders., Wer sich ständig beugt, wird am Ende krumm. Warum ich mein Priesteramt aufgebe und den Franziskanerorden verlasse, in: Publik-Forum 13/1992 (Titel v. Hrsg.)

Brecht, Bertolt (1898-1956)
Dramatiker, Lyriker, Erzähler, engagierter Marxist.
S. 39 Aus: Ders., Gesammelte Werke. © Suhrkamp Verlag, Frankfurt am Main 1967

Brendler, Gerhard
Marxistischer Historiker.
S. 159 Aus: Ders., Martin Luther. Theologie und Revolution. Deutscher Verlag der Wissenschaften, Berlin 1983 (Titel v. Hrsg.)

Breuning, Wilhelm
Professor für kath. Theologie.
S. 88 Aus: Artikel »Priester«, in: Lexikon der Religionen, hrsg. v. Hans Waldenfels. Verlag Herder, Freiburg-Basel-Wien 1987 (Titel v. Hrsg.)

Buber, Martin (1878-1965)
Jüdischer Religionsphilosoph und Schriftsteller.
S. 132 Der Gesang der Gesänge/Das Hohe Lied. Aus: Die Schriftwerke. Verdeutscht v. Martin Buber (Die Schrift, Bd. 4). Verlag Lambert Schneider, Heidelberg ^{6}1986 (Titel v. Hrsg.)
S. 164 Aus: Ders., Die Erzählungen der Chassidim. Manesse Verlag, Zürich 1949

*Cardenal, Ernesto (*1925)*
Suspendierter Priester; sandinistischer Politiker, Dichter.
S. 41 Aus: Ders., Das Buch von der Liebe. Peter Hammer Verlag, Wuppertal 1991

Carretto, Carlo
Katholischer Diakon, Schriftsteller.
S. 93 Aus: Ders., Ich habe gesucht und gefunden. Verlag Herder, Freiburg i.Br. ^{3}1986 (Titel v. Hrsg.)

Celsus, Aulus Cornelius (1. Hälfte des 1. Jh. n. Chr.)
Römischer Schriftsteller.
S. 58 Aus: Gegen die Christen. Aus dem Griechischen v. Th. Keim. Matthes & Seitz Verlag, München 1991 (Titel v. Hrsg.)

Chambers, Mary
Cartoonistin.
S. 134 Aus: Dies., Unglaublich christlich. Brunnen Verlag, Gießen-Basel 1993. Deutsche Rechte: Brunnen Verlag

Club of Rome
1968 in Rom gegründeter internationaler Zusammenschluß von Wissenschaftlern und Industriellen.
S. 112 Aus: Die globale Revolution. Bericht des Club of Rome 1991, hrsg. v. Spiegel Verlag Rudolf Augstein, Hamburg 1991. Rechte: The New York Times, Paris (Titel v. Hrsg.)

*Deschner, Karlheinz (*1924)*
Schriftsteller, Publizist.
S. 17 Aus: Ders., Abermals krähte der Hahn. © 1986 Econ Verlag, Düsseldorf, Wien und New York (Titel v. Hrsg.)
S. 66, 125 Aus: Ders., Das Kreuz mit der Kirche. © 1987 Econ Verlag, Düsseldorf, Wien und New York (Titel v. Hrsg.)

*Drewermann, Eugen (*1940)*
Suspendierter Priester; Psychotherapeut, Publizist.
S. 89, 129 Aus: Ders., Kleriker. Psychogramm eines Ideals. Walter-Verlag 1989 (Titel v. Hrsg.)

*Ebersberg, Thomas (*1945)*
Ehemaliger Jesuit, Schriftsteller.
S. 104 Aus: Ders., Abschied vom Absoluten. Wider die Einfalt des Denkens. Eironeia-Verlag, Gundelfingen 1990 (Titel v. Hrsg.)

Emerson, Ralph Waldo (1803-1882)
Ehemaliger evang. Pfarrer; Essayist und Philosoph.
S. 118 Aus: Ders., Spanne deinen Wagen an die Sterne. Zusammengestellt, übersetzt und eingeleitet v. Susanne Schaup. Verlag Herder, Freiburg i.Br. 1980

Epikur (341-270 v. Chr.)
Griechischer Philosoph.
S. 158 Aus: Von der Überwindung der Furcht. Eingeleitet und übertragen v. Olof Gigon. Zürich-Stuttgart ^{2}1968 (Titel v. Hrsg.)

Erasmus von Rotterdam (1466-1536)
Kath. Priester, Humanist.
S. 85 Aus: Die Torheit lobt die Theologen, in: Detlef Plöse/Günter Vogler (Hrsg.), nach der Ausgabe von Karl Kaulfuß-Diesch: Buch der Reformation. Eine Auswahl zeitgenössischer Zeugnisse (1476-1555). Union Verlag, Berlin 1989 (Titel v. Hrsg.)

Feuerbach, Ludwig (1804-1872)
Philosoph.
S. 39 Aus: Ders., Das Wesen des Christentums, 1841, zit. nach der Ausgabe Reclam Verlag, Stuttgart 1969, S. 52 f. (Titel v. Hrsg.)

Fischer, Erwin
Jurist.
S. 74 Aus: Ders., Staat und Kirche im vereinigten Deutschland. IBDK Verlag, Berlin-Aschaffenburg 1990 (Titel v. Hrsg.)

Franke, Wolfgang
S. 59 Aus: Ders., Reformation für alle, in: Lore Lorentz (Hrsg.), Gottes Regenbogen hat einen Trauerrand. Gütersloher Verlagshaus Gerd Mohn, Gütersloh 1978. Rechte beim Autor

Frauenarbeit der Evang. Landeskirche in Württemberg
S. 142 Aus: Feministische Theologie: an-stöße, stich-worte, schwer-punkte, hrsg. v. der Frauenarbeit der Evang. Landeskirche in Württemberg. © Chr. Kaiser/Gütersloher Verlagshaus, Gütersloh

Freud, Sigmund (1856-1939)
Psychiater, Begründer der Psychoanalyse.
S. 26 Aus: Ders., Der Mann Moses und die monotheistische Religion. © 1987 S. Fischer Verlag, Frankfurt am Main (Titel v. Hrsg.)

Egon Friedell (1878-1938)
Schriftsteller, Schauspieler, Kabarettist.
S. 50 Aus: Ders., Kultur ist Reichtum an Problemen. Extrakt eines Lebens gezogen und vorgesetzt von Heribert Illig. Copyright © 1989 by Haffmans Verlag AG, Zürich

Fromm, Erich (1900-1980)
Soziologe und Psychoanalytiker.
S. 34 Aus: Ders., Ihr werdet sein wie Gott, in: Gesamtausgabe. Deutsche Verlagsanstalt, Stuttgart 1980 (Titel v. Hrsg.)

*Fuhrmann, Horst (*1926)*
Professor für Geschichte.
S. 124 Aus: Ders., Einladung ins Mittelalter. C.H. Beck'sche Verlagsbuchhandlung, München ^{3}1980

Galeano, Eduardo
S. 155 Aus: Ders., Erinnerungen an das Feuer. Bd. 1: Geburten. Peter Hammer Verlag, Wuppertal 1983 (Titel v. Hrsg.)

Göttner-Abendroth, Heide
Feministin, Publizistin.
S. 27 Aus: Dies., Für die Musen. Neun Essays. Verlag Zweitausendeins Verlag, Frankfurt am Main ^{2}1988. Rechte bei Autorin

Heine, Heinrich (1797-1856)
Dichter, Schriftsteller, Journalist, Feuilletonist.
S. 22 Aus: Deutschland. Ein Wintermärchen, zit. nach der Ausgabe Reclam Verlag, Stuttgart 1979 (Titel v. Hrsg.)
S. 64 Aus: Zur Geschichte der Religion und Philosophie in Deutschland. Insel Verlag, Frankfurt am Main 1966 (Titel v. Hrsg.)

Heinrich, Rolf
Karikaturist.
S. 68 Aus: Materialien und Informationen zur Zeit. Politisches Journal der Konfessionslosen und Atheisten (MIZ), Heft 2/1990. IBDK Verlag, Berlin-Aschaffenburg

*Hochhuth, Rolf (*1931)*
Schriftsteller, Dramatiker, Essayist, Publizist.

S. 156 Aus: Ders., Der Stellvertreter. Ein christliches Trauerspiel. Copyright © 1963 by Rowohlt Taschenbuch Verlag GmbH, Reinbek (Auszug) (Titel v. Hrsg.)

d'Holbach, Paul Thiry (Thierry) (1723-1789)
Philosoph.
S. 102 Aus: Ders., Système de la Nature. Georg Olms Verlag, Hildesheim 1966, S. 458 f. – Hier: übersetzt v. Norbert Hoerster (Titel v. Hrsg.)

*Holl, Adolf (*1930)*
Suspendierter Priester; Publizist, Fernsehmoderator.
S. 77 Aus: Ders., Unsere Heimat im Himmel, in: Siegfried Rudolf Dunde (Hrsg.), Vater im Himmel – seine Söhne auf Erden. Männer und Religion. Rowohlt Verlag, Reinbek 1986. Rechte beim Autor

*Jaekel, Ulrich (*1945)*
Suspendierter kath. Priester; Altenpfleger.
S. 87 Aus: Thomas Seiterich (Hrsg.), Briefe an den Papst. Beten allein genügt nicht. Rowohlt Verlag, Reinbek 1987. Rechte beim Autor (Titel v. Hrsg.)

*Jürgens, Udo (*1934)*
Sänger, Komponist, Dichter, Professor für Musik.
Friedhelm Lehmann
S. 130 © Copyright 1988 by Aran Productions AG, Glarus. Aran Productions AG, Glarus, für Deutschland, Österreich, Schweiz und die Ostblockstaaten. Musikverlag Johann Michel, Frankfurt/Main, für die übrige Welt. – Mit Genehmigung von Aran Productions AG, Glarus, für Deutschland und Österreich: Melodie der Welt, J. Michel KG, Musikverlag, Frankfurt/Main. – Abdruck erfolgt mit freundlicher Genehmigung von MELODIE DER WELT, J. Michel KG, Musikverlag, Frankfurt/Main

*Kahl, Joachim (*1941)*
Theologe.
S. 139 Aus: Ders., Das Elend des Christentums. Copyright © 1968/1993 by Rowohlt Verlag, Reinbek (Auszug) (Titel v. Hrsg.)

Kazantzakis, Nikos (1885-1957)
Schriftsteller.

S. 106 Aus: Ders., Im Zauber der griechischen Landschaft. Übersetzt und hrsg. v. Isidora Rosenthal-Kamarinea. © by F.A. Herbig Verlagsbuchhandlung GmbH, München

*Kehrer, Günther (*1939)*
Professor für Religionswissenschaft.
S. 22 Aus: Ders., Noch glaube ich daran: Der Mensch kann lernen, in: Karlheinz Deschner (Hrsg.), Woran ich glaube. Gütersloher Verlagshaus Gerd Mohn, Gütersloh 1990 (Titel v. Hrsg.)

Kierkegaard, Sören (1813-1855)
Evang. Theologe; Philosoph.
S. 63 Aus: Ders., Auswahl aus dem Gesamtwerk des Dichters, Denkers und religiösen Redners. Eugen Diederichs Verlag, Düsseldorf-Köln 1964
S. 85, 86 Aus: Ders., Christ aus Leidenschaft. Eine Auswahl aus dem Gesamtwerk. Union Verlag, Berlin o.J. (Titel v. Hrsg.)

*Kraus, Alfons (*1933)*
Suspendierter kath. Priester; Rektor einer Schule.
S. 115 Aus: Ders., Für einen gefallenen Engel beten sie nicht. Die Katholische Kirche und ihre verheirateten Priester, in: Publik-Forum Dokumentation, Oberursel 1989. Rechte beim Autor (Titel v. Hrsg.)

*Küstenmacher, Werner (*1954)*
Evang. Pfarrer, Karikaturist.
S. 30 Aus: Ders., Himmliche Bilderbögen. Claudius Verlag, München

*Lapide, Pinchas (*1922)*
Jüdischer Theologe, Prof. für Neues Testament, Religionswissenschaftler.
S. 52 Aus: Ders., Jesus – ein gekreuzigter Pharisäer? (GTB 1427) Gütersloher Verlagshaus, Gütersloh ^{2}1991 (Titel v. Hrsg.)

Lessing, Gotthold Ephraim (1729-1781)
Dichter, Dramatiker, Schriftsteller.
S. 58 Aus: Ders., Nathan der Weise. Ein dramatisches Gedicht in fünf Aufzügen. Philipp Reclam Jun. Verlag, Stuttgart (Titel v. Hrsg.)

Marx, Karl (1818-1883)
Philosoph, Hauptbegründer des modernen Sozialismus.
S. 24 Aus: Ders., Zur Kritik der Hegelschen Rechtsphilosophie, in: Karl Marx, Friedrich Engels, Über Religion. Dietz Verlag, Berlin ^{4}1987 (Titel v. Hrsg.)

*Mester, Gerhard (*1956)*
Karikaturist.
S. 18, 44, 108 Aus: Ders., Cartoons. Gütersloher Verlagshaus Gerd Mohn, Gütersloh 1993. Rechte: Gerhard Mester

*Meyer, Thomas (*1943)*
SPD-Politiker, Philosoph.
S. 104 Aus: Ders., Fundamentalismus. Aufstand gegen die Moderne. Copyright © 1989 by Rowohlt Verlag, Reinbek (Auszug) (Titel v. Hrsg.)

Morris, Desmond
Verhaltensforscher.
S. 36 Aus: Ders., Der Mensch, mit dem wir leben. Deutsche Ausgabe © 1978 Droemer Knaur Verlag, München (Titel v. Hrsg.)

*Moser, Tilmann (*1938)*
Psychoanalytiker.
S. 38 Aus: Ders., Gottesvergiftung. © Suhrkamp Verlag, Frankfurt am Main 1980 (Titel v. Hrsg.)

Mosquito
Karikaturist.
S. 96 Aus: Hans Stapperfenne, Alles in schönster Ordnung. Copyright Peter Hammer Verlag, Wuppertal

Most, Johann (1846-1906)
Anarchist.
S. 100 Aus: Ders., Die Gottespest, in: Die Gottespest und andere religionskritische Schriften, hrsg. v. Benno Maidhof-Christig. IBDK Verlag, Berlin-Aschaffenburg 1991 (Titel v. Hrsg.)

*Neumann, Johannes (*1929)*
Vormaliger Professor für Kirchenrecht, jetzt Professor für Soziologie.

S. 116 Aus: Ders., Gleichheit als institutionelle Konsequenz der Rechtsidee, in: Günther Kehrer (Hrsg.), Vor Gott sind alle gleich. Patmos Verlag, Düsseldorf 1983. Rechte beim Autor (Titel v. Hrsg.)

Nietzsche, Friedrich (1844-1900)
Philosoph.
S. 35 Aus: Ders., Der Antichrist. Insel Verlag, Frankfurt am Main 1986

N.N.
S. 95 Fundort: Jugend mit Gott. Gedanken und Gebete, hrsg. v. Alfonso Pereira. Verlag Butzon & Bercker, Kevelaer ^{5}1978 (Titel v. Hrsg.)

N.N.
Weiblich, evang., 39 Jahre, geschieden, keine Kinder, Assistentin.
S. 125 Aus: Ja, es ist schrecklich, was uns Frauen alles auferlegt ist, in: Fritz Leist (Hrsg.), Der sexuelle Notstand und die Kirchen. Gütersloher Verlagshaus Gerd Mohn, Gütersloh ^{2}1972 (Titel v. Hrsg.)

N.N.
S. 163 Quelle unbekannt

O'Leary, Jean
Ehemalige Ordensschwester, in der Schwulenbewegung tätig.
S. 127 Aus: Dies., Gott war ein unschuldiger Zuschauer, in: Rosemary Curb/Nancy Manahan, Die ungehorsamen Bräute Christi. © 1986 Kindler Verlag, München (Titel v. Hrsg.)

Peikert-Flaspöhler, Christa
Schriftstellerin.
S. 148 Rechte bei Autorin

*Petersen, Asmus (*1928)*
Schriftsteller, Maler, Kaufmann.
S. 86 Aus: Ders., Was wir so glauben, in: Kursbuch 93: Glauben. Rotbuch Verlag, Berlin 1988. Rechte beim Autor (Titel v. Hrsg.)

*Pilgrim, Volker Elis (*1942)*
Schriftsteller.
S. 154 Aus: Ders., Muttersöhne. © 1986 Claassen Verlag GmbH, Düsseldorf (jetzt Hildesheim) (Titel v. Hrsg.)

*Richter, Jutta (*1955)*
Erzählerin, Publizistin.
S. 76 Rechte bei Autorin (Titel v. Hrsg.)

*Rinser, Luise (*1911)*
Schriftstellerin.
S. 140 Aus: Dies., Geben Sie der Frau ihre Würde zurück, in: Thomas Seiterich (Hrsg.), Briefe an den Papst. Beten allein genügt nicht. Rowohlt Verlag, Reinbek 1987. Rechte bei Autorin (Titel v. Hrsg.)

Rosa, Peter de
Verheirateter Priester, Schriftsteller.
S. 51 Aus: Ders., Der Jesus-Mythos. Deutsche Ausgabe © Droemer Knaur Verlag, München (Titel v. Hrsg.)

Russell, Bertrand (1872-1970)
Diplomat, Mathematiker, Philosoph. 1950 Nobelpreis für Literatur.
S. 25, **112** (Titel v. Hrsg.), **117** (Titel v. Hrsg.) Aus: Ders., Warum ich kein Christ bin. Szcezny Verlag, München 1963

*Sajtinac, Borislav (*1943)*
Graphiker, Cartoonist, Maler, Zeichentrickfilmer.
S. 80 Aus: Ders., Und Narren sind sie alle. Merlin Verlag, Gifkendorf 1986. Rechte: Borislav Sajtinac

Schmidt, Arno (1914-1979)
Schriftsteller.
S. 48 Aus: Ders., Atheist?: Allerdings!, in: Freie Flugblätter, 1. Jg., Nr. 1. Haffmans Verlag, Zürich 1984. Rechte: Arno Schmidt-Stiftung, Bargfeld (Titel v. Hrsg.)

Schulz, Paul
Suspendierter evang. Pfarrer.
S. 92 Aus: Ders., Weltliche Predigten. 9 Texte des Hamburger

Kirchenrebellen. Rowohlt Verlag, Reinbek 1978. Rechte beim Autor (Titel v. Hrsg.)

*Seymour, John (*1914)*
Journalist, Reiseschriftsteller, Globetrotter.
S. 84 Text in der Übersetzung v. Irene Rumler ist dem dtv-Band »Und dachten, sie wären die Herren« entnommen. © für die deutsche Erstausgabe: 1983 Deutscher Taschenbuch Verlag, München (Titel v. Hrsg.)

Sölle, Dorothee
Professorin für evang. Theologie, Publizistin.
S. 101 Aus: Dies., Leiden. Kreuz Verlag, Stuttgart 1973 (Titel v. Hrsg.)

Theißen, Gerd
Professor für Neues Testament.
S. 114 Aus: Soziologie der Jesusbewegung. © Chr. Kaiser/Gütersloher Verlagshaus, Gütersloh (Titel v. Hrsg.)

Timm, Hermann
Professor für evangelische Theologie.
S. 29 Aus: Religion ist eine fortschrittsresistente Gestalt menschlicher Lebensführung. Fragen zur Lage von Religion und Christentum an den protestantischen Theologen Hermann Timm, in: Herder Korrespondenz, Heft 4/1992. Verlag Herder, Freiburg (Titel v. Hrsg.)

*Vilar, Esther (*1935)*
Schriftstellerin.
S. 145 Aus: Dies., Die Antrittsrede der amerikanischen Päpstin. © by Langen Müller Verlag in der F. A. Herbig Verlagsbuchhandlung GmbH, München (Auszug) (Titel v. Hrsg.)

Voss, Jutta
Evang. Theologin.
S. 143 Aus: Dies., Frauenrequiem, in: Informationspapier 72/1987, hrsg. v. der Deutschen Evang. Arbeitsgemeinschaft für Erwachsenenbildung, Karlsruhe (Titel v. Hrsg.)

*Wiedemann, Hans Georg (*1936)*
Evang. Pfarrer.
S. 128 Aus: Ders., Homosexuelle Liebe. Für eine Neuorientierung in der christlichen Ethik. Kreuz Verlag, Stuttgart 1982 (Titel v. Hrsg.)

*Wiesel, Elie (*1928)*
Schriftsteller, Professor für Literatur, Humanist. 1986 Friedensnobelpreis.
S. 64 Aus: Ders., Die Massenvernichtung als literarisches Problem, in: Eugen Kogon/Johann Baptist Metz (Hrsg.), Gott nach Auschwitz. Dimensionen des Massenmords am jüdischen Volk. Verlag Herder, Freiburg-Basel-Wien ^{4}1988 (Titel v. Hrsg.)
S. 161 Aus: Ders., Die Nacht zu begraben. Elischa. © by Bechtle Verlag in der F.A. Herbig Verlagsbuchhandlung GmbH, München, S. 92 ff. (Titel v. Hrsg.)

*Wolter, Jupp (*1917)*
Karikaturist.
S. 120 Rechte: Jupp Wolter

Xenophanes (ca. 580-480 v. Chr.)
Griechischer Philosoph, Schriftsteller.
S. 34 Aus:: Die Fragmente. Übersetzt und erläutert v. Ernst Heitsch. Artemis Verlag, München-Zürich 1983 (Titel v. Hrsg.)

*Zander, Hans Conrad (*1937)*
Ehemaliger Dominikaner, Journalist und Schriftsteller.
S. 49 Aus: Ecce Jesus. Ein Anschlag gegen den neuen religiösen Kitsch. Copyright © 1992 by Rowohlt Verlag, Reinbek (Titel v. Hrsg.)

Einige Quellenangaben sind trotz Bemühungen des Verlags nicht oder nur ungenau möglich. Der Verlag ist für weiterführende Hinweise dankbar.